# ... Títulos relacionados

## SSCE0110 HABILITACIÓN PARA LA DOCENCIA EN GRADOS A, B Y C DEL SISTEMA DE FORMACIÓN PROFESIONAL

(ANTIGUO DOCENCIA DE LA FORMACIÓN PROFESIONAL PARA EL EMPLEO)

**[DISPONIBLE CERTIFICADO COMPLETO]**

Solicítalos en:
- Librería
- www.paraninfo.es
- Solicitudes nacionales +34 914 463 350
- Solicitudes fuera de España +34 913 308 907, +34 913 308 919

# Evaluación del proceso de enseñanza-aprendizaje en formación profesional para el empleo

Cristina de Alba Galván

© 2024 Ediciones Paraninfo, S. A.
© 2024 Cristina de Alba Galván

**Edición y maquetación:** Ediciones Nobel, S. A.

**Impresión:** Liberdigital (Casarrubuelos, Madrid)
**ISBN:** 978-84-283-6767-7
**Depósito legal:** M-16448-2024

Impreso en España

**Cristina de Alba Galván** es licenciada en Psicología por la Universidad de Sevilla, con formación de posgrado en Dirección y Gestión de Recursos Humanos.

Su trayectoria profesional se ha centrado en la gestión de personas, realizando tareas de análisis de perfiles profesionales, selección, formación y desarrollo del talento humano. Ha colaborado con equipos multidisciplinares, participando en labores de intermediación laboral. Ha coordinado estudios y proyectos de investigación y evaluación, tanto en el sector público como privado.

Es colaboradora con medios digitales, publicando artículos sobre desarrollo personal y profesional, así como sobre temas relacionados con empleo y formación.

# Índice

# Introducción normativa

La Ley Orgánica 3/2022, de 31 de marzo, de ordenación e integración de la Formación Profesional, contiene una disposición derogatoria única que afecta a la regulación de los certificados de profesionalidad, ahora denominados **Certificados Profesionales**. La referida normativa deroga la Ley Orgánica 5/2002, de 19 de junio, de las Cualificaciones y de la Formación Profesional, y abre un escenario de cambios que se irán implementando progresivamente.

La Ley Orgánica 3/2022, de 31 de marzo, de ordenación e integración de la Formación Profesional implica que toda la formación es acumulable. La oferta formativa se estructura de forma escalonada, siendo los Certificados Profesionales un nivel intermedio (Grado C) de una escala que va desde el Grado A hasta el E.

En los artículos 35 a 38 de la Ley 3/2022 se describe en qué consisten estos Certificados Profesionales: su oferta, formación asociada, estructura, duración, acceso, titulación y validez. Posteriormente, esta normativa se completa con lo dispuesto en el Real Decreto 659/2023, de 18 de julio, que desarrolla la ordenación del sistema de Formación Profesional. Concretamente en los artículos 67 a 81 es donde se hace referencia a la oferta formativa de Grado C, correspondiente a los Certificados Profesionales.

Están agrupados en 26 familias profesionales con características comunes del sector. En la actualidad hay más de medio millar de Certificados Profesionales incluidos en el Repertorio Nacional. Esta cifra no deja de crecer. Además, cada certificado está específicamente regulado por un real decreto.

Un Certificado Profesional corresponde al Grado C de la oferta del Sistema de Formación Profesional. Es un documento oficial, con validez en todo el territorio nacional y debe constar en el Catálogo Nacional de Ofertas de Formación Profesional, que certifica la capacitación para el desarrollo de una actividad profesional.

Debe detallar los módulos profesionales superados y los estándares de competencia profesional asociados a él e incluidos en el **Catálogo Nacional de Estándares de Competencias Profesionales**, así como su correspondencia con el Marco Español de Cualificaciones.

Despliegan su validez en un doble ámbito, laboral y académico:

- En el contexto laboral tienen validez profesional, porque acreditan las competencias en una determinada profesión. Para poder trabajar en algunas profesiones, se exigen determinadas cualificaciones, y los certificados sirven para acreditarlas.

- Asimismo, tienen validez académica, puesto que permiten continuar un itinerario formativo siempre que se cumplan los requisitos de acceso para cursar la titulación deseada. De tal modo que, los Certificados Profesionales que sean parte de un Grado D permitirán la matrícula modular para completar los módulos establecidos en el currículo y obtener el correspondiente título de técnico básico, técnico o técnico superior con validez en todo el territorio nacional.

Para obtener un Certificado Profesional (Grado C) es preciso cumplir con los requisitos de acceso para realizar la formación.

## Estructura de los Certificados Profesionales

I. Identificación: denominación, familia y área profesional a la que pertenecen; nivel de cualificación profesional (1, 2 o 3); cualificación profesional de referencia; entorno profesional y módulos formativos que esté previsto cursar junto con la duración de cada uno de ellos.

II. Perfil profesional: incluye las competencias profesionales requeridas en el mercado laboral. En todas ellas se concretan las realizaciones profesionales y los criterios de realización.

III. Formación: describe los módulos formativos que esté previsto cursar para adquirir las competencias requeridas. En cada uno de ellos se indican las capacidades que se pretende alcanzar y la duración del módulo de prácticas no laborales —PNL—, para el que cabe solicitar exención si se cumplen determinados requisitos.

IV. Prescripciones de las personas formadoras.

V. Requisitos mínimos de espacios, instalaciones y equipamiento.

Los Certificados Profesionales se identifican con una denominación concreta y un código alfanumérico propio, y sirven para acreditar una determinada cualificación profesional. Cada certificado está asociado a una relación de unidades de competencia que, a su vez, se vinculan con una serie de módulos formativos específicos. Algunos módulos están integrados por unidades formativas y tanto unos como otras son, en ocasiones, transversales, lo que significa que se trata de contenidos incluidos en más de un Certificado Profesional.

Los Certificados Profesionales se articulan en tres niveles de competencia profesional (1, 2 y 3) conforme a lo dispuesto en el que será el Catálogo Nacional de Estándares de Competencias Profesionales, anteriormente Catálogo Nacional de Cualificaciones Profesionales (CNCP), según los criterios establecidos de conocimientos, iniciativa, autonomía y complejidad de las tareas, en cada una de las ofertas de Formación Profesional.

La oferta formativa dirigida a la obtención de los Certificados Profesionales tiene carácter modular para favorecer la acreditación parcial acumulable de la formación recibida y posibilitar así el avance en el itinerario de Formación Profesional para cualquiera que sea la situación laboral de cada persona en cada momento.

En definitiva, el Grado C constituye la oferta, parcial y acumulable, del sistema de Formación Profesional, de varios módulos profesionales del catálogo modular de Formación Profesional por razón de su significado en el mercado laboral y conducente a la obtención de un Certificado Profesional.

Las ofertas de Grado C de Formación Profesional tendrán por objeto módulos profesionales incluidos previamente en el catálogo modular de formación profesional y asociados al Catálogo Nacional de Estándares de Competencias Profesionales.

## Finalidad de los Certificados Profesionales

- Contribuir a la ordenación de un Sistema de Formación Profesional al servicio de un régimen de formación y acompañamiento profesionales que sea capaz de responder con flexibilidad a los intereses, expectativas y aspiraciones de cualificación profesional de las personas a lo largo de su vida.

- Combinar escuela y empresa situando a la persona en el centro del sistema.

- Facilitar el aprendizaje permanente de toda la ciudadanía mediante una formación abierta, flexible y accesible, estructurada de forma modular, a través de la oferta formativa asociada al certificado.

- Acreditar las cualificaciones profesionales o las unidades de competencia recogidas en estas, independientemente de su vía de adquisición, bien sea través de la vía formativa, o mediante la experiencia laboral o vías no formales de formación.

- Favorecer, tanto a nivel nacional como europeo, la transparencia del mercado de trabajo.

- Contribuir a la calidad de la oferta de Formación Profesional.

## Este libro

El presente libro desarrolla el Módulo Formativo denominado *Evaluación del proceso de enseñanza-aprendizaje en formación profesional para el empleo,* MF1445_3.

Dicho módulo formativo está asociado a la Unidad de Competencia UC1445_3, perteneciente a las Cualificación Profesional de referencia SSC448_3, de nivel 3, incluida en el Certificado Profesional *Habilitación para la docencia en grados A, B y C del sistema de formación profesional para el empleo* (antiguo *Docencia de la formación profesional para el empleo*), dentro de la familia profesional Servicios Socioculturales y a la Comunidad.

Según el Real Decreto 1797/2011, de 18 de noviembre, modificado por el RD 625/2013, de 2 de agosto, los contenidos que en esta obra se recogen se corresponden con una duración de 60 horas.

Tanto la estructura como el desarrollo del libro se ajustan al citado Real Decreto y más concretamente a los contenidos de la Unidad Formativa que le da título *Evaluación del proceso de enseñanza-aprendizaje en formación profesional para el empleo.*

## Contenido

1. Evaluación en formación para el empleo aplicada a las distintas modalidades de impartición
   - La evaluación del aprendizaje:
     — Concepto de evaluación.
     — Planificación de la evaluación: agentes intervinientes.
     — Importancia de la evaluación. Medir y evaluar.
     — Características técnicas del proceso de evaluación: sistematicidad, fiabilidad, validez, objetividad, efectividad, entre otros.
     — Modalidades de evaluación en función del momento, agente evaluador y finalidad.
     — Soporte documental con evidencias de resultado (actas, informes, entre otros).
   - La evaluación por competencias:
     — Procedimiento para el reconocimiento y acreditación de competencias profesionales: vías formales y no formales de formación y experiencia profesional.

2. **Elaboración de pruebas para la evaluación de contenidos teóricos**
   - Evaluación de aprendizajes simples: prueba objetiva.
     — Niveles de conocimiento: taxonomía de Bloom.
     — Tabla de especificaciones.
     — Tipos de ítems: normas de elaboración y corrección.
     — Instrucciones para la aplicación de las pruebas.
     — Estructura de la prueba objetiva: encabezado, instrucciones generales e instrucciones específicas.
     — Instrucciones para la aplicación, corrección y calificación de las pruebas.
   - Evaluación de aprendizajes complejos: ejercicio interpretativo, pruebas de ensayo, pruebas orales, entre otros.
     — Normas de elaboración y corrección de pruebas de aprendizajes complejos.
3. **Diseño y elaboración de pruebas de evaluación de prácticas adaptadas a la modalidad de impartición**
   - Criterios para la elaboración de prácticas presenciales y en línea.
   - Criterios para la corrección:
     — Listas de cotejo.
     — Escalas de calificación: numérica, gráfica y descriptiva.
     — Hojas de evaluación de prácticas.
     — Escalas de Likert.
     — Hojas de registro.
   - Instrucciones para la aplicación de las pruebas: alumnado y docentes.
4. **Evaluación y seguimiento del proceso formativo conforme a la formación presencial y en línea**
   - Establecimiento de criterios e indicadores de evaluación.
   - Aplicación de técnicas cualitativas y cuantitativas de recogida de información.
   - Normas de elaboración y utilización:
     — Hoja de registro.
     — Cuestionario.
     — Hoja de seguimiento.
   - Informes de seguimiento y evaluación de las acciones formativas.

- Plan de seguimiento:
  - — Elementos.
  - — Características.
  - — Estrategias de mejora y refuerzo.
  - — Control de calidad y evaluación: eficacia, efectividad y eficiencia.

## Nota del editor

En Ediciones Paraninfo estamos comprometidos con la calidad de la formación e intentamos que nuestros materiales, respondan fielmente y con rigor a las necesidades de todos cuantos confían en nuestro sello editorial.

Tratamos de dar respuesta a los currículos de las unidades formativas y de los módulos que integran los distintos Certificados Profesionales, equilibrando la parte teórica con la práctica para que los procesos de aprendizaje se conviertan en experiencias gratificantes tanto para docentes como para las personas inmersas en los procesos formativos.

Contribuir de forma decisiva a afianzar aprendizajes, ayudar a adquirir destrezas que tengan significado para el empleo y conseguir potenciar el desarrollo personal es nuestra mayor satisfacción como editores.

Para lograrlo contamos con excelentes autores, expertos en las materias que abordan, en la mayoría de los casos docentes de dichas especialidades con dilatada experiencia profesional y académica, porque buscamos perfiles familiarizados con los contextos laborales concretos a los que se refieren nuestros manuales.

Confiamos en poder serte de ayuda y esperamos tus impresiones acerca de nuestro trabajo. Sean positivas o negativas, serán muy bien recibidas y, sin duda, nos ayudarán a seguir mejorando y trabajando con ilusión para continuar siendo un referente en formación para el empleo.

Agradecemos tu confianza en nuestros manuales. Todo nuestro equipo queda a tu total disposición. Puedes contactar con nosotros en esta dirección de correo electrónico: info@paraninfo.es.

# 1. Evaluación en formación para el empleo aplicada a las distintas modalidades de impartición

## Contenido

La evaluación del proceso de enseñanza-aprendizaje es un elemento fundamental asociado a toda acción formativa. El concepto de evaluación ha sufrido una transformación significativa en los últimos años, convirtiéndose en un aspecto de gran importancia a la hora de abordar los procesos de enseñanza-aprendizaje.

Tradicionalmente, se consideraba la evaluación como el proceso de valoración de los resultados obtenidos por los alumnos (evaluación del aprendizaje). Esta concepción de la evaluación como instrumento calificador no se ajusta al concepto actual de evaluación, que se considera un proceso mucho más amplio. No solo se trata de valorar los aprendizajes realizados por los alumnos, sino también es necesario evaluar todos los elementos implicados en las acciones formativas (docentes, metodología, materiales, objetivos, etc.). Incluso el propio sistema evaluativo debe ser objeto de evaluación.

La evaluación se basa en la recogida sistemática de datos para posteriormente analizarlos y valorarlos. Por lo tanto, la evaluación debe tener un carácter sistemático y requiere una planificación previa. Es fundamental utilizar los métodos e instrumentos que garanticen la fiabilidad, la validez y el rigor técnico.

La modalidad de impartición (presencial, teleformación o mixta) es un aspecto clave a tener en cuenta en el diseño del sistema de evaluación, ya que determinará la metodología que hay que utilizar.

## 1.1. La evaluación del aprendizaje

En formación profesional para el empleo, el principal objetivo de la evaluación del aprendizaje es comprobar si el alumno ha alcanzado, para cada unidad o módulo formativo, las capacidades y criterios de evaluación, con la finalidad de valorar si dispone de la competencia profesional.

Una competencia profesional se define como el conjunto de conocimientos y capacidades que permiten el ejercicio de la actividad profesional conforme a las exigencias de la producción y el empleo.

Para determinar los aspectos clave que han de ser objeto de evaluación, es necesario analizar:

— Las unidades de competencia.

  Una unidad de competencia es el agregado mínimo de competencias profesionales, susceptible de reconocimiento y acreditación parcial, a los efectos previstos en la Ley Orgánica 3/2022, de 31 de marzo, de ordenación e integración de la Formación Profesional.

— Las realizaciones profesionales y criterios de realización asociadas a cada unidad de competencia.

Las realizaciones profesionales son los elementos de la competencia que establecen el comportamiento esperado de la persona, en forma de consecuencias o resultados de las actividades que realiza.

Los criterios de realización expresan el nivel aceptable de la realización profesional que satisface los objetivos de las organizaciones productivas y constituye una guía para la evaluación de la competencia profesional.

— Las capacidades y criterios de evaluación.

— Los contenidos formativos.

Los contenidos formativos se organizan en módulos formativos (MF) que son bloques coherentes de formación asociados a cada una de las unidades de competencia. Los módulos pueden estar divididos en unidades formativas (UF).

A su vez, los módulos o unidades se estructuran en unidades de aprendizaje (UA) que constituyen el nivel máximo de desagregación.

— El contexto profesional de la unidad de competencia.

El contexto profesional describe, con carácter orientador, los medios de producción, productos y resultados del trabajo, información utilizada o generada y cuantos elementos de análoga naturaleza se consideren necesarios para enmarcar la realización profesional.

En general, la evaluación del aprendizaje cumple las siguientes funciones: orientadora, formativa, sumativa y de homologación o acreditación.

— Función orientadora: la evaluación ayuda a elaborar proyectos formativos gracias a la información que aporta sobre la situación de partida del alumnado. Así, es posible orientar y adaptar la planificación y la actuación docente a las características propias de los alumnos.

— Función formativa: obtener información durante el proceso de enseñanza-aprendizaje sobre los avances del alumnado, así como sobre las posibles dificultades y variaciones individuales que vayan surgiendo a lo largo de la acción formativa, permite reorientar y adaptar la formación. De esta manera, la evaluación ayuda a realizar las modificaciones necesarias en el momento oportuno.

— Función sumativa: la evaluación del aprendizaje permite comprobar los resultados alcanzados por el alumnado y valorar el grado de consecución.

— Función de homologación o acreditación: la evaluación permite emitir un juicio de valor sobre el aprendizaje alcanzado por el alumnado, determinando si este ha logrado los objetivos planteados y ha adquirido la unidad de competencia.

La evaluación del aprendizaje debe seguir un proceso que implica tres fases:

a) Planificación de la evaluación

La evaluación del aprendizaje debe planificarse de manera previa al inicio de la acción formativa. Para realizar dicha planificación, se responderá a las siguientes cuestiones:

*¿Qué se evalúa?*

Como se ha comentado anteriormente, no solo deben evaluarse los resultados de aprendizaje del alumnado. También es necesario evaluar el propio proceso de enseñanza-aprendizaje y todos los elementos que lo componen (objetivos, contenidos, metodología, evaluación, materiales, docentes, entre otros).

*¿Cómo se evalúa?*

Para realizar la evaluación es imprescindible realizar una recogida de datos cuantitativos y cualitativos. Para ello, existen múltiples instrumentos de evaluación (pruebas objetivas, pruebas para evaluar aprendizajes teóricos complejos, pruebas prácticas, cuestionarios, escalas, etc.). Optar por un método de evaluación u otro dependerá, en gran medida, de los elementos que pretendan evaluarse y la naturaleza de los mismos.

*¿Cuándo se evalúa?*

La evaluación es un proceso continuo y, por lo tanto, es necesario recabar datos e información a lo largo de todo el proceso de enseñanza-aprendizaje. De esta manera, se podrán poner en marcha los cambios o modificaciones pertinentes en el momento oportuno.

Sin embargo, debido a las fases propias del proceso formativo, existen momentos especialmente indicados para recoger información (tras la finalización de una unidad formativa o módulo formativo, de manera mensual o trimestral, etcétera).

Además de las evaluaciones que se vayan realizando durante el desarrollo de la acción formativa, es necesario realizar una evaluación inicial y otra evaluación final.

*¿Quién evalúa?*

Tradicionalmente, se ha considerado que las personas encargadas de la evaluación debían ser los propios formadores o docentes. Generalmente, el personal docente es quien realiza la mayor parte del proceso evaluativo en lo referente al aprendizaje del alumnado.

Sin embargo, es necesario que en la evaluación del proceso de enseñanza-aprendizaje intervengan todos los agentes implicados en la formación (coordinadores de la entidad o centro de formación, técnicos expertos, evaluadores e, incluso, el propio alumnado).

En la evaluación de los aprendizajes, existen tres posibilidades:

— Autoevaluación: es aquella evaluación que una persona realiza sobre sí misma o sobre un proceso y/o resultado personal.

— Coevaluación: se trata de la evaluación entre iguales. Es decir, el alumno evalúa a otro alumno. Este tipo de evaluación también se denomina *revisión entre pares* o *evaluación peer to peer*.

— Heteroevaluación: es la evaluación realizada por el personal docente y/o evaluador.

| ¿Qué se evalúa? | • Resultados de aprendizaje.<br>• Proceso de enseñanza-aprendizaje. |
| --- | --- |
| ¿Cómo se evalúa? | • Pruebas e instrumentos de evaluación. |
| ¿Cuándo se evalúa? | • Temporalización. |
| ¿Quién evalúa? | • Personal docente.<br>• Evaluadores.<br>• Coordinadores... |

b) Evaluación de los resultados del aprendizaje

Para evaluar los resultados del aprendizaje se pueden aplicar distintas pruebas de evaluación. Las pruebas de evaluación del aprendizaje deben tomar como referente las capacidades y criterios de evaluación de la acción formativa.

Las pruebas pueden evaluar:

— Conocimientos.

— Destrezas.

— Actitudes o habilidades personales y sociales.

La evaluación implica que el personal docente y/o evaluador realice un registro documental de la totalidad de las pruebas realizadas, en el que se incluya el material generado, los resultados obtenidos y la valoración final.

c) Toma de decisiones

Una vez finalizada la evaluación de los módulos y/o unidades formativas que componen cada acción formativa, el personal docente debe tomar una decisión sobre si cada alumno/a ha adquirido o no las capacidades asociadas a la formación realizada.

Para esta toma de decisiones, se analizará toda la información recogida durante el proceso de evaluación. Tras este análisis, se debe elaborar un acta de evaluación que indique si el alumnado se considera «apto» o «no apto».

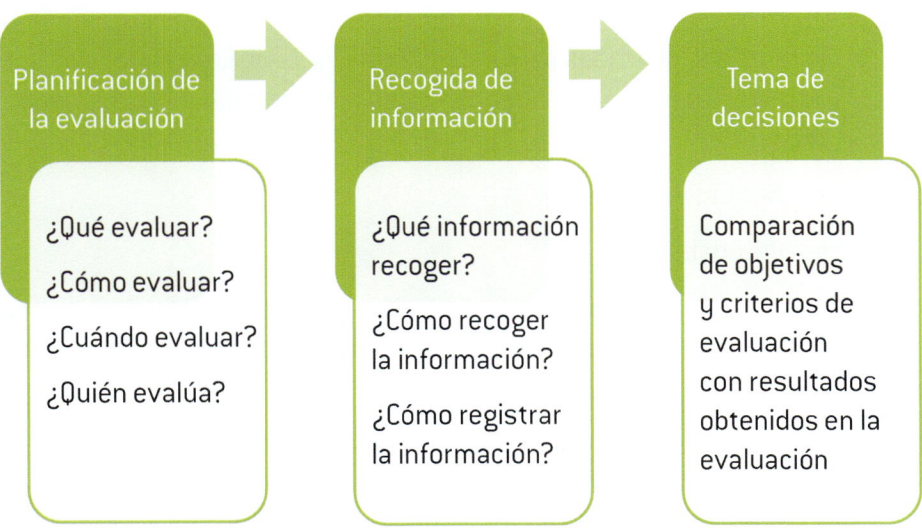

Planificación de la evaluación

¿Qué evaluar?

¿Cómo evaluar?

¿Cuándo evaluar?

¿Quién evalúa?

Recogida de información

¿Qué información recoger?

¿Cómo recoger la información?

¿Cómo registrar la información?

Tema de decisiones

Comparación de objetivos y criterios de evaluación con resultados obtenidos en la evaluación

### 1.1.1. Concepto de evaluación

El concepto de evaluación es muy amplio, ya que no solo abarca el hecho de examinar y calificar, sino que hace referencia a la valoración de todo el proceso formativo. La evaluación es un proceso continuo y sistemático, que debe ser un medio y no un fin en sí misma.

La evaluación es un proceso sistemático que consiste en recoger información para emitir un juicio de valor a partir del análisis de los resultados obtenidos y su comparación con los objetivos de la formación.

Una definición del concepto de evaluación es la aportada por B. Maccario: «Evaluación es el acto que consiste en emitir un juicio de valor, a partir de un conjunto de informaciones sobre la evolución o los resultados de un alumno, con el fin de tomar una decisión».

Otra definición de evaluación es la realizada por Pérez Juste (1995), el cual la entiende como «un proceso sistemático, diseñado intencional y técnicamente, de recogida de información, que ha de ser valorada mediante la aplicación de criterios y referencias como base para la posterior toma de decisiones de mejora, tanto del personal como del propio programa». Esta definición destaca que:

— La evaluación es un proceso, no un acto puntual.

— La evaluación debe estar planificada y diseñada.

— La valoración de la información recogida en el proceso evaluativo puede estar relacionada con:

   1. Criterios como exactitud, precisión, profundidad, claridad, etcétera.

   2. Referencias utilizadas para emitir juicios de valor. Las referencias son de dos tipos (aunque pueden utilizarse también referencias personalizadas):

      • Normativa (baremo).

      • Criterial.

Por otro lado, es necesario hacer una distinción entre algunos términos que en ocasiones son utilizados como sinónimos, pero que, sin embargo, presentan características diferenciales:

— Calificar: suele utilizarse para valorar el rendimiento del alumnado en algún aspecto de la actividad formativa (la calificación es el resultado de una prueba de evaluación).

— Medir: es comparar el rendimiento del alumno con el criterio de evaluación (estándar de medida).

— Evaluar: es un concepto más amplio, ya que pretende valorar o emitir un juicio de valor acerca del resultado de todo el proceso formativo.

## 1.1.2. Planificación de la evaluación: agentes intervinientes

El proceso de planificación de la evaluación consta de las siguientes etapas:

— Analizar los objetivos específicos (capacidades) y los resultados de aprendizaje (criterios de evaluación) de cada módulo o unidad formativa.

— Considerar las dimensiones implicadas:

  • Cognitiva (conocimiento y comprensión).

  • Procedimental (aplicación, análisis, síntesis y evaluación).

  • Actitudinal (cualidades implicadas en los procedimientos).

— Determinar el tipo de demostración o evidencia que se vaya a requerir para cada resultado de aprendizaje que haya que evaluar. Los tipos de evidencia pueden ser:

  • De conocimiento: incluye todas las capacidades cognitivas (conceptuales y procedimentales).

  • De desempeño: hace referencia a comprobar la manera en la que se ejecuta un determinado proceso o se realiza una determinada tarea.

  • De producto: hace referencia a los resultados obtenidos en el desarrollo de una actividad concreta. El producto resultante puede ser de diversa naturaleza: un documento, un objeto material, etcétera.

  • De actitudes, habilidades personales o sociales.

— Seleccionar el método e instrumento de evaluación.

— Determinar el momento en el que se realizará la evaluación.

— Identificar qué persona/as actuarán como evaluadores.

En la planificación de la evaluación deben intervenir todos los agentes que estén implicados en el proceso de enseñanza-aprendizaje, esto es:

— Coordinador o responsable de la acción formativa.

— Personal experto en la materia a impartir que intervenga en la acción formativa (diseño, elaboración de material didáctico, asesoramiento, etcétera).

— Formador/es.

— Tutor/es (modalidad teleformación).

— Alumnado: en la medida de lo posible, los alumnos deben ser considerados tanto como agentes evaluados como agentes evaluadores (de sí mismos y de sus compañeros, de la propia acción formativa, etcétera).

### 1.1.3. Importancia de la evaluación. Medir y evaluar

*Medir* y *evaluar* son dos términos diferentes pero relacionados. *Medir* significa cuantificar un resultado, mientras que *evaluar* hace referencia a la valoración de dicha medición.

La medición cuantifica, mientras que la evaluación cualifica. La evaluación implica la emisión de un juicio de valor sobre los datos recogidos y su comparación con un estándar (criterio).

No debe confundirse evaluar y medir, ni catalogar mediciones aisladas como evaluaciones. Evaluar es un proceso que va más allá de realizar mediciones. Generalmente, se necesitan varias mediciones para llegar a la evaluación.

Durante la planificación de la evaluación, se deberá tomar una decisión acerca de qué nivel de referencia (criterio o norma) se establecerá en el proceso evaluativo. Existen dos niveles de referencia:

— Evaluación con referencia a la norma

   Este tipo de evaluación se basa en la comparación de unos alumnos con otros. Se compara los resultados obtenidos por un alumno con los obtenidos por el grupo (la norma). El principal objetivo de este tipo de evaluación es clasificar por niveles a los alumnos evaluados.

— Evaluación con referencia al criterio

   En este tipo de evaluación se definen de manera previa una serie de objetivos (el criterio). Los resultados de los alumnos son comparados con dichos criterios preestablecidos. Este tipo de evaluación permite determinar si un alumno domina o no una tarea, con independencia del resultado obtenido por los demás alumnos del grupo.

| Evaluación con referencia a la norma | Evaluación con referencia al criterio |
| --- | --- |
| Los estándares o puntos de referencia son relativos (dependen del promedio). | Los estándares o puntos de referencia son fijos y están predefinidos. |
| Se evalúa el desempeño del alumno comparándolo con su grupo. | Se evalúa el desempeño del alumno comparándolo con un estándar fijo. |
| No identifica qué alumnos han alcanzado determinados objetivos de aprendizaje. | Identifica qué alumnos han alcanzado determinados objetivos de aprendizaje. |
| Evalúan al alumno como «inferior» o «superior» a la media. | No describen el promedio del grupo (no se realizan comparaciones entre alumnos). |

### 1.1.4. Características técnicas del proceso de evaluación: sistematicidad, fiabilidad, validez, objetividad, efectividad, entre otros

El proceso evaluativo tiene que reunir una serie de condiciones o característi-cas técnicas para asegurar su nivel de calidad. La carencia de estas caracte-rísticas puede invalidar los resultados de las pruebas de evaluación.

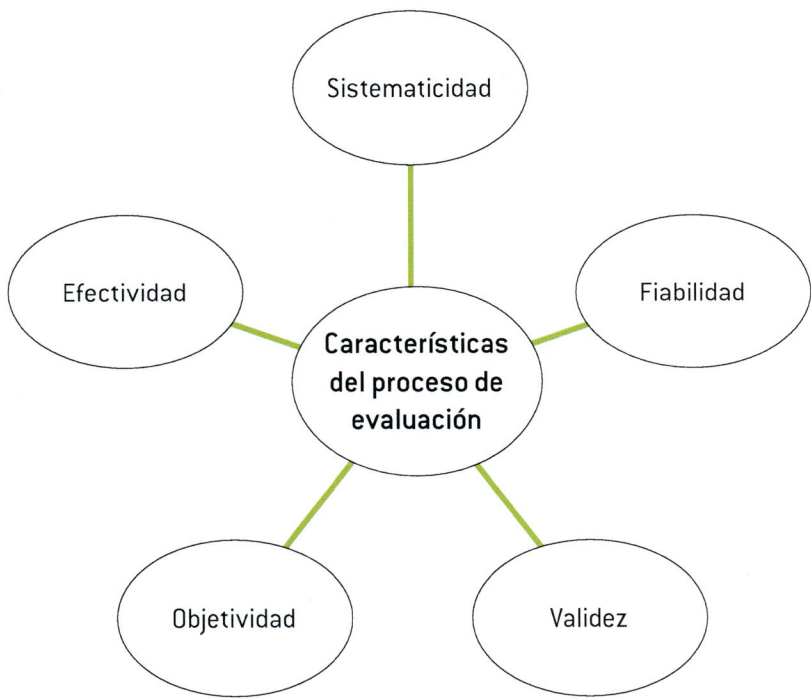

Las principales características que debe reunir el proceso de evaluación son:

— Sistematicidad: la evaluación debe ser un proceso sistemático y organiza-do, por lo que resulta indispensable realizar una planificación previa.

— Fiabilidad: una evaluación es fiable cuando los resultados que aporta son estables y constantes. Si un mismo alumno realiza la misma prueba de evaluación varias veces en diferentes condiciones (hora del día, agente evaluador, instalaciones, etc.) y obtiene siempre los mismos resultados, se entiende que la prueba es fiable.

— Validez: un instrumento de medición es válido cuando evalúa el elemen-to para cuya medición fue diseñado. Es decir, la validez hace referencia al grado de precisión con el que una prueba mide aquello que pretende medir.

— Objetividad: los resultados obtenidos en las pruebas de evaluación deben ser independientes del juicio subjetivo del evaluador.

— Efectividad: el proceso evaluativo debe ser efectivo, es decir, debe ser capaz de lograr el efecto deseado (los objetivos del proceso de evaluación).

## 1.1.5. Modalidades de evaluación en función del momento, agente evaluador y finalidad

Existen diferentes modalidades de evaluación en función del momento en el que esta se realice, el agente evaluador y la finalidad de la misma.

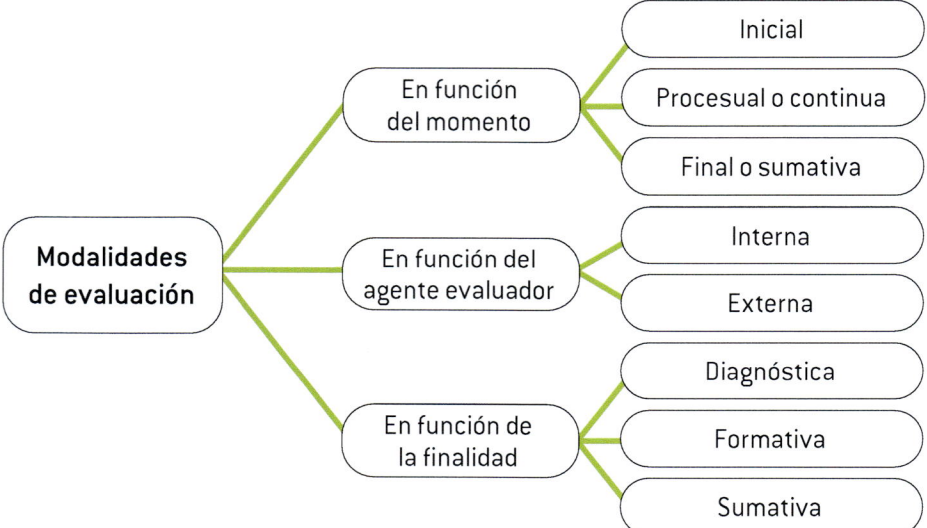

**Modalidades de evaluación en función del momento**

En función del momento en el que se realice la evaluación, existen tres tipos: inicial, procesual o formativa y final.

— Evaluación diagnóstica

Se realiza antes del inicio de la acción formativa con el objetivo de obtener información sobre los conocimientos de los que dispone el alumnado. Esta evaluación inicial o de diagnóstico permite al personal docente adaptar la formación a las características y necesidades de los estudiantes.

— Evaluación procesual o continua

Es la evaluación que se realiza a lo largo del proceso formativo con el objetivo de obtener información sobre los avances y logros de los estudiantes, así como sobre las dificultades que puedan ir apareciendo. Este tipo de evaluación actúa como retroalimentación, permitiendo al docente corregir desviaciones y orientar a los alumnos, introduciendo las modificaciones necesarias para el logro de los objetivos.

— Evaluación final o sumativa

Se realiza al final del proceso formativo para determinar el grado de cumplimiento de los objetivos de aprendizaje.

**Modalidades de evaluación en función del agente evaluador**

En función del agente evaluador, se distinguen dos modalidades de evaluación: externa e interna.

— Evaluación externa

Es aquella evaluación realizada por agentes que no han participado directamente en la acción formativa (evaluadores expertos, agencias de evaluación formativa, entidades de inspección educativa, etc.). Aunque la evaluación externa presenta algunas desventajas (falta de contextualización de los resultados o recelos de los agentes implicados en la acción formativa), también tiene importantes ventajas como:

1. Mayor objetividad e imparcialidad.

2. Independencia respecto al resultado.

3. Realizada por profesionales expertos en evaluación (metodologías, instrumentos, etcétera).

— Evaluación interna

Es aquella evaluación realizada por agentes que han participado directamente en el desarrollo de la acción formativa (formadores, responsable o técnicos expertos de la entidad que desarrolla la formación, alumnado, etc.). En el caso de la evaluación interna, existen tres modalidades:

1. Autoevaluación: la propia persona se evalúa a sí misma.

2. Coevaluación *(evaluación peer to peer):* los alumnos se evalúan entre sí.

3. Heteroevaluación: el personal docente y/o evaluador realiza la evaluación del alumnado.

**Modalidades de evaluación en función de la finalidad**

En función de la finalidad de la evaluación, esta puede clasificarse en las mismas tres modalidades propuestas en función del momento: inicial, procesual o formativa y final.

— Evaluación diagnóstica

Su finalidad es conocer la situación de partida del alumnado y poder adaptar la planificación de la acción formativa al nivel de conocimientos y destrezas de estos. La evaluación diagnóstica, además de para conocer el nivel inicial, es útil para descubrir las motivaciones e intereses del alumnado.

— Evaluación formativa

Su finalidad es realizar reajustes y cambios durante el proceso formativo, para corregir desviaciones y perseguir la mejora continua del proceso de enseñanza-aprendizaje.

— Evaluación sumativa

Su finalidad es valorar los resultados finales y servir como base para la toma de decisiones.

## 1.1.6. Soporte documental con evidencias de resultado (actas, informes, entre otros)

Los resultados del proceso evaluativo deben reflejarse documentalmente en informes de evaluación individualizados, actas de evaluación, expedientes, memorias, entre otros.

El soporte documental del proceso evaluativo es de gran importancia para transmitir los resultados de evaluación a los alumnos y a otras entidades (administraciones, entidades gestoras de formación, etcétera).

Los principales soportes documentales son:

### Acta de evaluación

El acta de evaluación es el documento en el que se recoge la calificación final de los alumnos (en términos de «apto» o «no apto»), dejando constancia de las calificaciones parciales obtenidas por los alumnos.

Cuando el alumno resulte «apto», podrá acceder a la titulación asociada a la formación realizada, acreditando de esta manera la adquisición de las competencias profesionales relacionadas.

Las actas deberán ser firmadas por el personal docente. Además, la persona responsable del centro o entidad de formación deberá revisarlas y sellarlas.

Este documento incluirá los datos identificativos de la acción formativa (denominación, número y expediente, centro de formación, fechas, etc.), los datos identificativos del alumno (nombre y apellidos, DNI o NIE), las calificaciones obtenidas y la calificación final.

### Informe individualizado de evaluación

Los informes de evaluación individualizados son documentos que recogen información sobre el resultado de los instrumentos de evaluación aplicados (tanto cualitativos como cuantitativos).

Estos informes incluyen información sobre:

— Puntuaciones y calificaciones obtenidas por cada alumno en las pruebas de evaluación realizadas a lo largo del proceso de enseñanza-aprendizaje.

— Descripciones acerca de los aspectos que se deben mejorar.

— Propuestas de mejora.

— Observaciones y recomendaciones del personal docente.

### Expediente académico

El expediente académico es el conjunto de documentos, datos personales y académicos que acreditan la trayectoria del alumno en la acción formativa correspondiente.

El personal docente y el coordinador deben conservar toda la documentación que se genere durante el proceso de enseñanza-aprendizaje (pruebas de evaluación, ejercicios y actividades, autoevaluaciones, etc.). Esta documentación debe quedar registrada y ser almacenada en el expediente académico del alumno.

### Informe de evaluación de la acción formativa

Los soportes documentales anteriormente mencionados hacen referencia a la evaluación del aprendizaje del alumnado. Sin embargo, es necesario elaborar un informe de evaluación de la acción formativa en general. Este documento sirve para informar al centro o entidad de formación o a las administraciones correspondientes acerca del desarrollo del proceso formativo.

Ejemplo de acta de evaluación:

## ACTA DE EVALUACIÓN

| Acción formativa | | | | Código | | | N.º curso | |
|---|---|---|---|---|---|---|---|---|
| Fecha de inicio | | | | Fecha de fin | | Expediente | | |
| | | | | | | Centro | | |

| N.º | DNI/NIE | Apellidos y nombre del alumnado | MÓDULO A | | | MÓDULO B | | | MÓDULO C | | | | CALIFICACIÓN FINAL |
|---|---|---|---|---|---|---|---|---|---|---|---|---|---|
| | | | UF1 | UF2 | Calif. final | UF1 | UF2 | Calif. final | UF1 | UF2 | UF3 | Calif. final | Apto / No apto |
| 1 | | | | | | | | | | | | | |
| 2 | | | | | | | | | | | | | |
| 3 | | | | | | | | | | | | | |
| 4 | | | | | | | | | | | | | |
| 5 | | | | | | | | | | | | | |
| 6 | | | | | | | | | | | | | |
| 7 | | | | | | | | | | | | | |
| 8 | | | | | | | | | | | | | |
| 9 | | | | | | | | | | | | | |
| 10 | | | | | | | | | | | | | |
| 11 | | | | | | | | | | | | | |
| 12 | | | | | | | | | | | | | |
| 13 | | | | | | | | | | | | | |

Docente:

Firma:

Docente:

Firma:

Docente:

Firma:

Docente:

Firma:

Responsable del centro:

Firma y sello:

En este informe se incluye información sobre los aspectos más relevantes de la acción formativa como, por ejemplo:

— Datos identificativos de la acción formativa: denominación, número, grupo y expediente, centro de formación, fecha de inicio y finalización, duración (número de horas), entre otros.

— Perfil del alumnado: datos estadísticos relativos a edad, sexo, nivel formativo, situación laboral, entre otros.

— Reseña del personal docente, técnicos expertos, evaluadores, coordinadores, etcétera.

— Procedimiento de selección del alumnado.

— Cumplimiento del programa formativo (objetivos, contenidos, metodología, recursos y materiales, etcétera).

— Conclusiones extraídas de los cuestionarios de satisfacción de la acción formativa.

— Identificación de puntos fuertes y débiles.

— Propuestas de mejora.

— Incidencias ocurridas durante el proceso formativo y solución de las mismas.

## 1.2. La evaluación por competencias

Los certificados de profesionalidad se regulan por real decreto y son instrumentos de acreditación oficial de las cualificaciones profesionales del Catálogo Nacional de las Cualificaciones Profesionales. Una cualificación profesional es el conjunto de competencias profesionales con significación para el empleo que pueden ser adquiridas mediante formación modular u otros tipos de formación, así como a través de la experiencia laboral.

Los certificados profesionales están dirigidos a la adquisición y mejora de las competencias profesionales recogidas en el perfil profesional de cada certificado. Cada certificado incluye los apartados siguientes:

— Identificación del certificado.

— Perfil profesional: unidades de competencia, realizaciones profesionales y criterios de realización.

— Formación: está organizada en módulos formativos (MF) que son bloques coherentes de formación asociado a cada una de las unidades de competencia que configuran la cualificación. En ocasiones, se dividen en unidades formativas (UF). Los módulos o unidades se estructuran en unidades de aprendizaje (UA) que constituyen el nivel máximo de desagregación. Dividir la formación a nivel de unidades de aprendizaje facilita la evaluación de resultados de aprendizaje (criterios de evaluación).

— Prescripción de los formadores.

— Requisitos mínimos de espacios, instalaciones y equipamientos.

La Ley Orgánica 3/2022, de 31 de marzo, de ordenación e integración de la Formación Profesional define la competencia profesional como «el conjunto de conocimientos y capacidades que permiten el ejercicio de la actividad profesional conforme a las exigencias de la producción y el empleo». Las dimensiones de la competencia profesional son el conjunto de aspectos que la conforman y que interactúan entre sí.

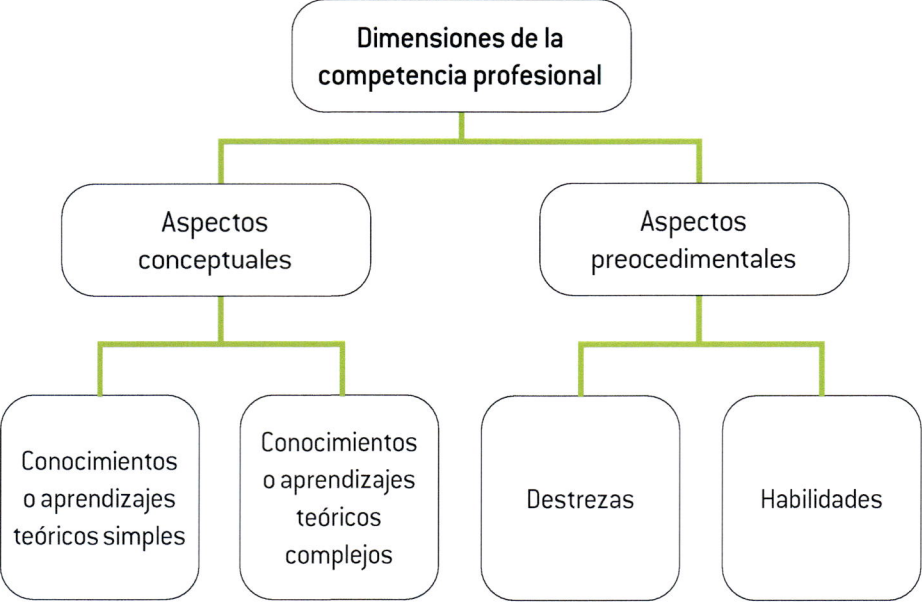

**Perfil profesional**

El perfil profesional se define como el conjunto de competencias para el desempeño de varios puestos de trabajo que presentan afinidad y que configuran una ocupación. El perfil profesional incluye los siguientes elementos:

— Unidades de competencia: son el agregado mínimo de competencias profesionales susceptible de reconocimiento y acreditación parcial. Las unidades de competencia incluyen las realizaciones profesionales, los criterios de realización y el contexto profesional.

— Realizaciones profesionales: son los elementos de la competencia profesional que establecen el comportamiento esperado de la persona (resultados de las actividades que realiza).

— Criterios de realización: las realizaciones profesionales se concretan en los criterios de realización. Estos criterios expresan el nivel aceptable de la realización profesional que satisface los objetivos de las organizaciones. Los criterios de realización constituyen una guía para la evaluación de la competencia profesional.

— Contexto profesional: detalla los medios de producción, productos y resultados del trabajo, la información utilizada o generada y todos los elementos que se consideren necesarios para enmarcar la realización profesional.

Para realizar una correcta evaluación de competencias profesionales es necesario partir de un análisis profundo de las unidades de competencia que configuran el perfil profesional, con sus realizaciones profesionales, capacidades y criterios de realización además del contexto profesional.

### 1.2.1. Procedimiento para el reconocimiento y acreditación de competencias profesionales: vías formales y no formales de formación y experiencia profesional

El Real Decreto 143/2021, de 9 de marzo, por el que se modifica el Real Decreto 1224/2009, de 17 de julio, de reconocimiento de las competencias profesionales adquiridas por experiencia laboral, tiene como finalidad establecer el procedimiento y los requisitos para la evaluación y acreditación de las competencias profesionales adquiridas por las personas a través de la experiencia laboral o de vías no formales de formación, así como los efectos de esa evaluación y acreditación de competencias.

La evaluación y la acreditación tienen como referentes las unidades de competencia del Catálogo Nacional de Cualificaciones Profesionales que estén incluidas en títulos de formación profesional y/o en certificados profesionales. Las unidades de competencia son la unidad mínima de acreditación.

Este Real Decreto establece que los fines del procedimiento para el reconocimiento y acreditación de competencias profesionales son:

a) Evaluar las competencias profesionales que poseen las personas, adquiridas a través de la experiencia laboral y otras vías no formales de formación, mediante procedimientos y metodologías comunes que garanticen la validez, fiabilidad, objetividad y rigor técnico de la evaluación.

b) Acreditar oficialmente las competencias profesionales, favoreciendo su puesta en valor con el fin de facilitar tanto la inserción e integración laboral y la libre circulación en el mercado de trabajo, como la progresión personal y profesional.

c) Facilitar a las personas el aprendizaje a lo largo de la vida y el incremento de su cualificación profesional, ofreciendo oportunidades para la obtención de una acreditación parcial acumulable, con la finalidad de completar la formación conducente a la obtención del correspondiente título de formación profesional o certificado profesional.

Las vías de formación por las cuales se pueden adquirir las competencias profesionales son:

— Vías formales de formación: son los procesos formativos cuyo contenido está explícitamente diseñado en un programa que conduce a una acreditación oficial.

— Vías no formales de formación: son los procesos formativos no conducentes a acreditaciones oficiales.

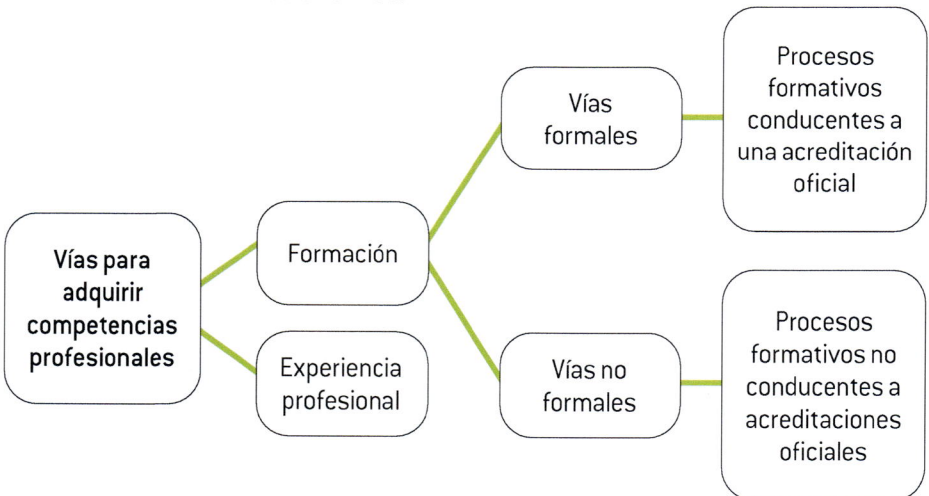

**Convocatoria del procedimiento de evaluación**

Las administraciones competentes mantendrán abierto un procedimiento de evaluación y acreditación de las competencias profesionales, adquiridas a través de la experiencia laboral o de vías no formales de formación, con carácter permanente. Este procedimiento permanente está referido a la totalidad de las unidades de competencia profesional incluidas en la oferta existente de Formación Profesional de cada comunidad autónoma vinculada al Catálogo Nacional de las Cualificaciones Profesionales.

Los requisitos de participación en el procedimiento son:

— Poseer la nacionalidad española, haber obtenido el certificado de registro de ciudadanía comunitaria o la tarjeta de familiar de ciudadano o ciudadana de la Unión, o ser titular de una autorización de residencia o, de residencia y trabajo en España en vigor, en los términos establecidos en la normativa española de extranjería e inmigración.

— Tener 18 años cumplidos en el momento de realizar la inscripción, cuando se trate de unidades de competencia correspondientes a cualificaciones de nivel I y 20 años para los niveles II y III.

— Tener experiencia laboral y/o formación relacionada con las competencias profesionales que se quieren acreditar:

1. En el caso de experiencia laboral: justificar, al menos 3 años, con un mínimo de 2000 horas trabajadas en total, en los últimos 15 años transcurridos antes de la presentación de la solicitud. Para las unidades de competencia de nivel I, se requerirán 2 años de experiencia laboral con un mínimo de 1200 horas trabajadas en total.

2. En el caso de formación: justificar, al menos 300 horas, en los últimos 10 años transcurridos antes de la presentación de la solicitud. Para las unidades de competencia de nivel I, se requerirán al menos 200 horas. En los casos en los que los módulos formativos asociados a la unidad de competencia que se pretende acreditar contemplen una duración inferior, se deberán acreditar las horas establecidas en dichos módulos.

La experiencia laboral se debe justificar mediante los siguientes documentos:

— Para trabajadores asalariados:

1. Certificación de la Tesorería General de la Seguridad Social, del Instituto Social de la Marina o de la mutualidad a la que estuvieran afiliadas, donde conste la empresa, la categoría laboral (grupo de cotización) y el periodo de contratación.

2. Contrato de trabajo o certificación de la empresa donde hayan adquirido la experiencia laboral, en la que conste específicamente la duración de los periodos de prestación del contrato, la actividad desarrollada y el intervalo de tiempo en el que se ha realizado dicha actividad.

— Para trabajadores autónomos o por cuenta propia:

1. Certificación de la Tesorería General de la Seguridad Social o del Instituto Social de la Marina de los periodos de alta en la Seguridad Social en el régimen especial correspondiente y descripción de la actividad desarrollada e intervalo de tiempo en el que se ha realizado la misma.

— Para trabajadores o trabajadoras voluntarios o becarios:

1. Certificación de la organización donde se haya prestado la asistencia en la que consten, específicamente, las actividades y funciones realizadas, el año en el que se han realizado y el número total de horas dedicadas a las mismas.

Para las competencias profesionales adquiridas a través de vías no formales de formación, la justificación se realizará mediante documento que acredite que el aspirante posee formación relacionada con las unidades de competencia que se pretendan acreditar, en el que consten los contenidos y las horas de formación.

**Fases del procedimiento**

Las fases del procedimiento de evaluación y acreditación de las competencias profesionales son:

— Fase de asesoramiento.

— Fase de evaluación.

— Fase de acreditación y registro.

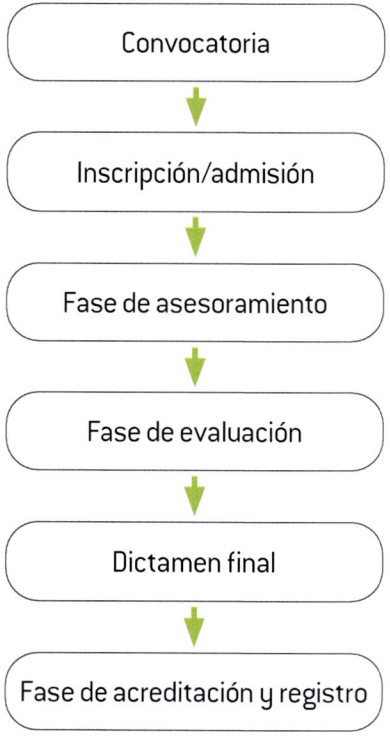

a) Asesoramiento

El asesoramiento es obligatorio y puede tener un carácter individualizado o colectivo, en función de las características de la convocatoria y de las
necesidades de las personas que presenten su candidatura. El asesoramiento puede realizarse tanto de forma presencial como a través de medios telemáticos.

Las funciones del asesor son:

— Asesorar a la persona candidata en las siguientes cuestiones:

    1. Preparación y puesta a punto del proceso de evaluación.

    2. Desarrollo del historial profesional y formativo presentado.

    3. Cumplimentación del cuestionario de autoevaluación.

— Elaborar un informe orientativo sobre:

    1. La conveniencia de que el aspirante participante en el proceso
       pase a la fase de evaluación.

    2. Las competencias profesionales que considera suficientemente
       justificadas.

    3. La formación necesaria para completar la unidad de competencia
       que pretenda sea evaluada.

Los instrumentos de apoyo y otras referencias que utiliza el asesor en
esta fase son:

— Las cualificaciones profesionales y unidades de competencia incluidas en el Catálogo Nacional de Cualificaciones Profesionales.

— La oferta formativa relacionada con la unidad de competencia que se
  desea acreditar. El asesor debe conocer la oferta formativa con el objetivo de determinar el itinerario formativo necesario para cubrir las
  carencias de competencia que pueda presentar la persona candidata
  en relación con la unidad de competencia.

— El cuestionario de autoevaluación de la unidad de competencia. Este
  cuestionario es un instrumento diseñado para que la persona candidata reflexione acerca de su profesionalidad con respecto a la unidad
  de competencia que se desea acreditar.

— La guía de evidencias de la unidad de competencia.

Los asesores realizan un informe orientativo sobre la conveniencia de que el aspirante acceda a la fase de evaluación y sobre las competencias profesionales que considera suficientemente justificadas. El resultado de dicho informe puede ser:

— Resultado positivo: la documentación aportada por el aspirante y el informe realizado y firmado por el asesor serán trasladados a la comisión de evaluación correspondiente.

— Resultado negativo: el asesor le facilitará al candidato información sobre la formación complementaria que debería realizar para alcanzar la competencia profesional. Además, también debe indicarle los centros donde podría realizar dicha formación. Aun así, es necesario destacar que el informe del asesor no es vinculante. Por lo tanto, el candidato puede decidir pasar a la fase de evaluación aun cuando el resultado del informe sea negativo.

| Documentación de la fase de asesoramiento | |
|---|---|
| Documentación que debe aportar la persona candidata al inicio del procedimiento | Documentación generada en la fase de asesoramiento y que se debe poner a disposición de los evaluadores para la siguiente fase del procedimiento |
| — *Curriculum vitae* europeo.<br>— Historial profesional y formativo.<br>— Cuestionario de autoevaluación.<br>— Ficha de recogida de información sobre funciones desempeñadas por el trabajador en la empresa. | — Historial profesional y formativo ajustado a la unidad de competencia realizado por la asesora o el asesor.<br>— Informe del asesor/a.<br>— Ficha de sistematización de evidencias (de competencia indirecta).<br>— Otra documentación complementaria susceptible de formar parte del Dossier de Competencias.<br>— Otra documentación complementaria susceptible de formar parte del expediente del candidato o de la convocatoria. |

b) Evaluación de la competencia profesional

El candidato puede inscribirse en una o varias unidades de competencia. La evaluación de cada unidad de competencia tiene como objetivo determinar si el aspirante demuestra la competencia profesional requerida en:

— Las realizaciones profesionales asociadas a la unidad de competencia.

— Los criterios de realización asociados a la unidad de competencia.

— Una situación de trabajo, real o simulada, fijada a partir del contexto profesional de la unidad de competencia.

Para realizar la evaluación, se analizan tanto el informe del asesor como toda la documentación aportada por el candidato. En caso de ser necesario, en esta fase pueden recabarse nuevas evidencias necesarias para evaluar la competencia profesional.

La Comisión de Evaluación es el órgano formado por un grupo de evaluadores que decide acerca de las competencias profesionales demostradas por la persona candidata.

> **Dosier de competencias:** es el conjunto de información profesional, pruebas aportadas por la persona candidata y nuevas evidencias de competencia obtenidas a lo largo del procedimiento. Adjunto al dosier, figuran otros documentos susceptibles de formar parte del expediente personal del candidato de la convocatoria.

Se utilizarán los métodos que se consideren necesarios para comprobar lo explicitado por la persona que presente su candidatura en la documentación aportada.

Para valorar la competencia profesional, el evaluador/a puede utilizar diferentes métodos, siendo los principales:

— Observación del candidato en el puesto de trabajo

1. Los evaluadores/as observan a la persona candidata en su lugar de trabajo, sin intervenir ni interferir en la actividad normal. Se registra su desempeño y la manifestación de las competencias profesionales, por medio de indicadores predefinidos.

2. La observación en el puesto de trabajo toma como referente las realizaciones profesionales y los criterios de realización de la unidad de competencia junto con su contexto profesional.

— Simulaciones prácticas y telemáticas

1. Simulación práctica: es una situación de evaluación realizada en un taller, aula, laboratorio o empresa. En dicha situación, se reconstruyen las variables principales de la actuación profesional

que se pretende verificar. Generalmente, son ejercicios prácticos diseñados para evaluar las competencias profesionales que se quieren acreditar.

2. Simulación telemática: es un tipo de situación de evaluación a través del ordenador. La persona candidata realiza *online* una serie de actividades o casos prácticos a través de aplicaciones informáticas o simuladores específicamente desarrollados para evaluar las competencias que se quieren acreditar. El sistema permite una evaluación y corrección automatizada.

— Pruebas estandarizadas de competencia profesional

1. Son pruebas teórico-prácticas diseñadas para evaluar las tres dimensiones de la competencia profesional: saber, saber hacer y saber estar.

— Entrevista profesional

1. Las entrevistas profesionales permiten al evaluador/a obtener información sobre aspectos profesionales del candidato. Para la realización de las entrevistas es necesario disponer de un guion.

Para determinar si la persona candidata ha demostrado las competencias profesionales requeridas en las unidades de competencia, el evaluador debe:

— Verificar la conformidad con el referente de evaluación.

— Comprobar que las evidencias recogidas de la unidad de competencia son suficientes, válidas, fiables, auténticas y actuales.

— Comprobar que las situaciones profesionales de evaluación utilizadas son relevantes y han permitido a la persona evaluada producir las evidencias suficientes para que el evaluador tenga una base válida en la que fundamentar la evaluación de competencia.

— Confirmar que se ha aplicado un juicio profesional de evaluación de acuerdo a los requisitos preestablecidos.

Todos los resultados y registros producidos a lo largo del procedimiento deben quedar recogidos en el expediente del candidato, el cual será custodiado por la Administración competente.

| Documentación de la fase de evaluación |
| --- |
| Documentación correspondiente a las actuaciones de los evaluadores y que debe ponerse a disposición de la Comisión de Evaluación |
| — Informe de primera valoración de competencia realizado por el evaluador, correspondiente a la valoración de evidencias indirectas de la persona candidata.<br>— Plan Individualizado de Evaluación.<br>— Registro de Actividad de Evaluación.<br>— Informe de Evaluación de la persona candidata.<br>— Solicitud de revisión individualizada por cada persona candidata.<br>— Ficha de Seguimiento de Actividades realizadas por el evaluador en el proceso de evaluación por cada candidato. |

c) Acreditación y registro de la competencia profesional

Cuando los candidatos/as superen el proceso de evaluación, se les expedirá una acreditación de cada una de las unidades de competencia en las que hayan demostrado su competencia profesional.

Si, mediante este procedimiento, un aspirante logra superar la fase de evaluación de la totalidad de las unidades de competencia que componen un certificado profesional o un título de formación profesional, la Administración competente le indicará los trámites necesarios para la obtención de dicho título.

| Documentación de la fase de acreditación |
| --- |
| Documentación correspondiente a la actuación de la Comisión de Evaluación |
| — Dictamen de valoración de evidencias de competencia indirectas, correspondiente a los informes de cada candidato presentados por el evaluador.<br>— Comunicación al candidato del dictamen de valoración de evidencias de competencia indirectas.<br>— Dictamen de valoración final de las evidencias de competencia.<br>— Acta de valoración individual de la competencia profesional.<br>— Acta final de la Comisión de Evaluación.<br>— Resolución a las solicitudes de revisión. |

# RESUMEN

— El principal objetivo de la evaluación es comprobar la adquisición de los resultados de aprendizaje y, en consecuencia, la adquisición de las competencias profesionales.

— La evaluación debe tener un carácter sistemático y requiere una planificación previa. Se deben utilizar los métodos e instrumentos que garanticen la fiabilidad y la validez.

— La evaluación del aprendizaje debe seguir un proceso que implica tres fases: planificación de la evaluación, evaluación de los resultados del aprendizaje y toma de decisiones.

— La evaluación es un proceso sistemático que consiste en recoger información para emitir un juicio de valor a partir del análisis de los resultados obtenidos y su comparación con los objetivos de la formación.

— *Medir* significa cuantificar un resultado, mientras que *evaluar* hace referencia a la valoración de dicha medición.

— En los procesos evaluativos, existen dos niveles de referencia: evaluación con referencia a la norma (basada en la comparación de unos alumnos con otros) y evaluación con referencia al criterio (basada en la comparación de los resultados de los alumnos con unos criterios prestablecidos).

— Las principales características técnicas que debe reunir un proceso de evaluación son: sistematicidad, fiabilidad, validez, objetividad y efectividad.

— Existen diferentes modalidades de evaluación en función del momento en el que esta se realice, el agente evaluador y la finalidad de la misma.

— En función del momento en el que se realice la evaluación, existen tres tipos: inicial, procesual o formativa y final.

— En función del agente evaluador, se distinguen dos modalidades de evaluación: externa e interna. La evaluación interna se divide, a su vez, en autoevaluación, coevaluación y heteroevaluación.

— En función de la finalidad de la evaluación, esta puede clasificarse en las mismas tres modalidades propuestas en función del momento: inicial, procesual o formativa y final.

— Los resultados del proceso evaluativo deben reflejarse documentalmente informes de evaluación individualizados, actas de evaluación, expedientes, memorias, etc. El soporte documental del proceso evaluativo es de gran importancia para transmitir los resultados de evaluación a los alumnos y a otras entidades (administraciones, entidades gestoras de formación, etcétera).

— Los principales soportes documentales del proceso evaluativo son: acta de evaluación, informe de evaluación individualizado, expediente académico e informe de evaluación de la acción formativa.

— Para realizar una correcta evaluación de las competencias profesionales asociadas a cada certificado profesional es necesario partir de un análisis profundo de las unidades de competencia que configuran el perfil profesional, con sus realizaciones profesionales, capacidades y criterios de realización además del contexto profesional.

— El Real Decreto 143/2021, de 9 de marzo, por el que se modifica el Real Decreto 1224/2009, de 17 de julio, de reconocimiento de las competencias profesionales adquiridas por experiencia laboral, es la normativa que regula el procedimiento y los requisitos para la evaluación y acreditación de las competencias profesionales adquiridas por las personas a través de la experiencia laboral o de vías no formales de formación, así como los efectos de esa evaluación y acreditación de competencias.

— La evaluación y la acreditación tienen como referentes las unidades de competencia del Catálogo Nacional de Cualificaciones Profesionales que estén incluidas en títulos de formación profesional y/o en certificados profesionales.

— Las unidades de competencia son la unidad mínima de acreditación.

— Las fases del procedimiento de evaluación y acreditación de las competencias profesionales son: asesoramiento, evaluación y acreditación.

# AUTOEVALUACIÓN

**1.1.** ¿Cómo se denomina el agregado mínimo de competencias profesionales, susceptible de reconocimiento y acreditación parcial?

a) Unidad formativa.

b) Realización profesional.

c) Unidad de competencia.

**1.2.** ¿Cuál es la finalidad de la evaluación?

a) Calificar al alumnado.

b) Emitir un juicio de valor.

c) Recabar información sobre el desempeño del alumnado.

**1.3.** ¿Qué acción se está realizando cuando se compara el rendimiento del alumno con un criterio de evaluación?

a) Medir.

b) Calificar.

c) Evaluar.

**1.4.** Cuando un instrumento de medición evalúa el elemento para cuya medición ha sido diseñado, decimos que es...

a) Válido.

b) Fiable.

c) Objetivo.

**1.5.** ¿Cuál es el tipo de evaluación realizada a lo largo del proceso formativo con el objetivo de obtener información sobre los avances de los estudiantes?

a) Sumativa.

b) Procesual.

c) Diagnóstica.

**1.6.** Señala la opción incorrecta en relación a la evaluación externa:

a) Es más objetiva que la evaluación interna.

b) Es aquella realizada por agentes que no han participado directamente en la acción formativa.

c) Es aquella llevada a cabo por el responsable de la entidad que desarrolla la formación, pero no por los formadores.

**1.7.** ¿En qué documento se recogen las calificaciones obtenidas por los alumnos, así como recomendaciones y propuestas de mejora?

a) Acta de evaluación.

b) Informe individualizado de evaluación.

c) Expediente académico.

**1.8.** ¿Cómo se denomina el nivel máximo de desagregación en la formación?

a) Unidad formativa.

b) Unidad didáctica.

c) Unidad de aprendizaje.

**1.9.** ¿En qué elementos se concretan las realizaciones profesionales y expresan el nivel aceptable de la realización profesional que satisface los objetivos de las organizaciones?

a) Criterios de evaluación.

b) Criterios de realización.

c) Unidades de competencia.

**1.10.** ¿En qué fase del procedimiento para el reconocimiento y acreditación de competencias profesionales, el candidato cumplimenta el cuestionario de autoevaluación de la unidad de competencia?

a) Fase de asesoramiento.

b) Fase de evaluación.

c) Fase de acreditación.

## ACTIVIDADES DE APLICACIÓN

### ACTIVIDAD 1.1

Si un docente otorga a un alumno una puntuación de 7 en una prueba de evaluación, ¿está midiendo o evaluando?

Si tras varias pruebas, el docente considera que el alumno es «apto», ¿está midiendo o evaluando?

### ACTIVIDAD 1.2

Completa las siguientes frases:

Una evaluación es _____ cuando aporta el mismo resultado con independencia de quien aplique la prueba.

Una evaluación es _____ cuando mide aquello que pretende medir y no otra cosa.

### ACTIVIDAD 1.3

¿Qué tipo de evaluación permite al docente corregir desviaciones y orientar a los alumnos durante el proceso de enseñanza-aprendizaje?

### ACTIVIDAD 1.4

¿Cuál es la principal diferencia entre las actas de evaluación y los informes individualizados de evaluación?

### ACTIVIDAD 1.5

¿Cómo se denominan los elementos de la competencia profesional que establecen el comportamiento esperado de la persona (resultados de las actividades que realiza)?

## ACTIVIDAD 1.6

Indica en qué fases del proceso de acreditación de competencias profesionales se generan los siguientes documentos:

— Acta final de la Comisión de Evaluación.

— Plan Individualizado de Evaluación.

— Informe de Evaluación.

— Ficha de sistematización de evidencias (de competencia indirecta).

— Acta de valoración individual de la competencia profesional.

— Historial profesional y formativo ajustado a la unidad de competencia.

## CASO PRÁCTICO

**Para una unidad o módulo formativo a tu elección, elabora una lista de cotejo para la evaluación, siguiendo el siguiente ejemplo:**

| Nº | CRITERIOS DE EVALUACIÓN | CUMPLIMIENTO | | PUNTUACIÓN | OBSERVACIONES |
|----|-------------------------|--------------|-----|------------|---------------|
| | | Sí | No | | |
| ENTREGA Y PARTICIPACIÓN | | | | | |
| 1 | Entrega el portafolio la fecha indicada. | | | | |
| 2 | Se presentan todos los trabajos solicitados en la unidad. | | | | |
| 3 | Indicador. | | | | |
| ESTRUCTURA | | | | | |
| 4 | Se incluyen separadores para identificar con facilidad los diferentes apartados del trabajo. | | | | |
| 5 | El portafolio presenta una organización y orden de acuerdo a la estructura solicitada por el docente. | | | | |
| 6 | Se adjunta un índice para poder visualizar y localizar fácilmente los trabajos. | | | | |
| CONTENIDO | | | | | |
| 7 | Presenta ideas principales y excluye las ideas secundarias. | | | | |
| 8 | De manera general el trabajo se presenta completo y preciso. | | | | |
| ... | Indicador. | | | | |

1.1 Define qué elementos se van a evaluar (conocimientos, procedimientos, actitudes o valores).

1.2. Define la técnica o estrategia de evaluación.

1.3. Anota los aspectos administrativos de la lista de cotejo: nombre del centro, nombre del curso o acción formativa, tipo de instrumento, nombre del estudiante, nombre del formador/a y/o evaluador/a, periodo académico, fecha de evaluación, etcétera.

1.4. Establece los criterios específicos de evaluación.

1.5. Desglosa los criterios de evaluación por medio de indicadores a partir de enunciados específicos.

1.6. Define la escala dicotómica: presencia o ausencia de las características o comportamientos que se registran en la escala dicotómica, en donde se asumen únicamente dos rasgos o valores. Ejemplos:

- Sí/no
- Logrado/no logrado
- Cumple/no cumple
- Correcto/incorrecto
- Aceptable/inaceptable

# GLOSARIO

- **Acta de evaluación:** documento en el que se recoge la calificación final del alumnado (en términos de «apto» o «no apto»), dejando constancia de las calificaciones parciales obtenidas por los alumnos.

- **Aprendizaje o educación formal:** el proceso de formación estructurado conducente a una titulación, acreditación o certificación oficial.

- **Aprendizaje no formal:** el proceso de formación estructurado que no conduce a una titulación, acreditación o certificación oficial.

- **Aprendizaje informal:** el aprendizaje derivado del desarrollo y práctica de actividades cuya intencionalidad no está vinculada a procesos de formación formales o no formales, entre los que se incluye el voluntariado.

- **Autoevaluación:** aquella evaluación que una persona realiza sobre sí misma o sobre un proceso y/o resultado personal.

- **Coevaluación:** evaluación entre iguales (entre alumnos). También se denomina *revisión entre pares* o *evaluación peer to peer.*

- **Competencias básicas:** aquellas que son consideradas necesarias para la realización y desarrollo personal, para participar activamente en la sociedad o mejorar la empleabilidad.

- **Competencia profesional:** el conjunto de conocimientos y destrezas que permiten el ejercicio de la actividad profesional conforme a las exigencias de la producción y el empleo.

- **Cualificación:** la competencia para el desempeño de una actividad profesional acreditada oficialmente por títulos, certificados o acreditaciones.

- **Estándar de competencia:** el conjunto detallado de elementos de competencia que describen el desempeño de las actividades y las tareas asociadas al ejercicio de una determinada actividad profesional con el estándar de calidad requerido. Será la unidad o elemento de referencia para diseñar, desarrollar y actualizar ofertas de formación profesional.

- **Evaluación formativa:** evaluación continua durante el curso para monitorear el progreso del estudiante y proporcionar retroalimentación.

- **Evaluación sumativa:** evaluación final que determina el nivel de logro o competencia alcanzado por el estudiante al final del curso.

- **Expediente académico:** conjunto de documentos, datos personales y académicos que acreditan la trayectoria del alumno en la acción formativa correspondiente.

- **Formación a lo largo de la vida:** el conjunto de la formación inicial y continua de una persona durante su trayectoria vital.

- **Formación continua:** cualquier tipo de formación realizada después de la formación inicial y de la incorporación a la vida activa, dentro o fuera del sistema educativo. Tiene como objetivo permitir a la persona adquirir, ampliar o actualizar sus conocimientos o competencias de cara a una adaptación, promoción profesional o reconversión de su itinerario de desarrollo personal o profesional.

- **Formación inicial:** el itinerario de formación realizado dentro del sistema educativo, desde el inicio de la escolarización hasta la finalización de la permanencia en el mismo para la incorporación al mundo laboral.

- **Itinerario formativo:** el proyecto construido por cada persona, con la ayuda, si se precisa, de los servicios de orientación profesional para adquirir, actualizar, completar y ampliar sus competencias a lo largo de su vida.

- **Marco Español de las Cualificaciones:** el instrumento, internacionalmente reconocido, que orienta la nivelación coherente de las titulaciones para su clasificación, relación y comparación, y que sirve, asimismo, para facilitar la movilidad de las personas en el espacio europeo y en el mercado laboral internacional.

- **Perfil profesional:** conjunto de competencias para el desempeño de varios puestos de trabajo que presentan afinidad y que configuran una ocupación.

# MAPA CONCEPTUAL

## EVALUACIÓN EN FORMACIÓN PARA EL EMPLEO APLICADA A LAS DISTINTAS MODALIDADES DE IMPARTICIÓN

### FASES DE LA EVALUACIÓN

- Planificación de la evaluación: ¿Qué se evalúa? ¿Cómo se evalúa? ¿Cuándo se evalúa? ¿Quién evalúa?
- Evaluación de los resultados del aprendizaje
- Toma de decisiones

### MEDIR *VS.* EVALUAR

- Evaluación con referencia a la norma
- Evaluación con referencia al criterio

### CARACTERÍSTICAS DEL PROCESO EVALUATIVO

- Sistematicidad
- Fiabilidad
- Validez
- Objetividad
- Efectividad

### MODALIDADES DE EVALUACIÓN

- En función del momento:
  · Inicial
  · Procesual o continua
  · Final o sumativa
- En función del agente evaluador:
  · Interna
  · Externa
- En función de la finalidad
  · Diagnóstica
  · Formativa
  · Sumativa

### SOPORTE DOCUMENTAL CON EVIDENCIAS DE RESULTADO

- Acta de evaluación
- Informe individualizado de evaluación
- Expediente académico
- Informe de evaluación de la acción formativa

### EVALUACIÓN POR COMPETENCIAS

- Procedimiento para el reconocimiento y acreditación de competencias profesionales: vías formales y no formales de formación y experiencia profesional

# 2. Elaboración de pruebas para la evaluación de contenidos teóricos

# Contenido

En el proceso de enseñanza-aprendizaje, es fundamental realizar una correcta evaluación tanto de los contenidos teóricos como prácticos. Los contenidos teóricos son aquellos que se encuentran relacionados con el conocimiento de datos, hechos, conceptos o principios. Los contenidos teóricos pueden dividirse en aprendizajes simples (conocimientos específicos, comprensión, etc.) y complejos (análisis, síntesis, evaluación, etcétera.).

Los principales aspectos que hay que considerar en el diseño y la elaboración de una prueba de evaluación de contenidos teóricos son:

— Selección de los contenidos que hay que evaluar (aprendizajes complejos o simples).

— Identificación de las capacidades y criterios de evaluación.

— Definición del tipo de pruebas o ítems que se van a utilizar.

— Definición del número de ítems o enunciados que se deben incluir en la prueba.

— Elegir el sistema de calificación.

— Redacción adecuada de las preguntas o ítems.

— Redacción de las instrucciones o normas de cumplimentación.

— Presentación, estructura y formato de la prueba.

— Administración de la prueba.

— Corrección, puntuación y calificación.

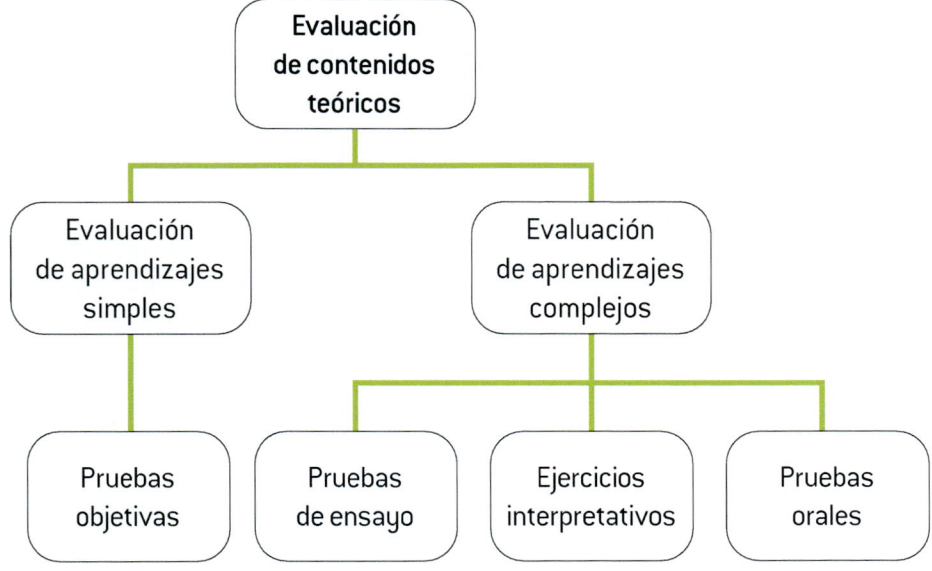

## 2.1. Evaluación de aprendizajes simples: prueba objetiva

Las pruebas objetivas son instrumentos empleados para la evaluación de aprendizajes teóricos simples y sus principales ventajas son:

— Objetividad.

— Facilidad de aplicación y corrección.

— Precisión.

— Posibilidad de comparación de datos y tratamiento estadístico.

Las pruebas objetivas solo permiten evaluar resultados o productos finales, no los procesos subyacentes, aspectos actitudinales o destrezas prácticas. Este tipo de pruebas consisten en exámenes estructurados y escritos. Sus principales características son:

— Presencia de un elevado número de preguntas o ítems. Un número reducido de ítems no sería representativo del contenido que hay que evaluar y, por lo tanto, el resultado no sería válido.

— El alumno no elabora una respuesta compleja, sino que únicamente señala la respuesta correcta o la completa con elementos muy precisos que se limitan a una sola palabra o a una frase breve.

— Los ítems deben diseñarse de manera que la respuesta correcta e incorrecta sea unívoca.

— Son pruebas cuya calificación es objetiva (no permiten las subjetividad del evaluador, siendo la puntuación obtenida por el alumno la misma con independencia de quien corrija o evalúe la prueba).

— Al ser pruebas objetivas, determinadas variables externas no influyen en la corrección y calificación (caligrafía, ortografía, presentación, etcétera).

— La corrección es fácil y rápida, pero su elaboración es compleja y laboriosa.

— Permiten detectar contenidos que no han sido asimilados correctamente en el grupo. Si un porcentaje elevado de los alumnos de un grupo responde de manera equivocada al mismo ítem, el docente deberá incidir en dichos contenidos y aclarar las dudas del alumnado.

— En las acciones formativas en línea, permiten una corrección automática que proporcione *feedback* al alumnado sobre su desempeño en la prueba.

Las fases generales para el diseño y elaboración de pruebas objetivas que evalúen aprendizajes simples son:

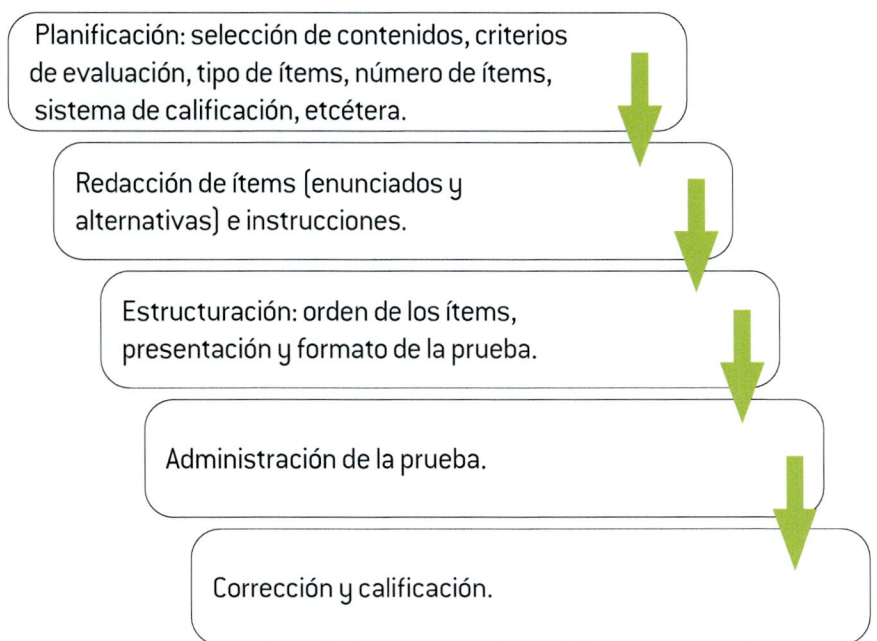

Las pruebas objetivas para evaluar aprendizajes simples pueden clasificarse en dos categorías:

— Pruebas de selección (o reconocimiento): son pruebas compuestas por ítems de verdadero o falso, opción múltiple, correspondencia (ordenar, relacionar...).

— Pruebas de evocación: son pruebas compuestas por ítems de respuesta breve o texto incompleto.

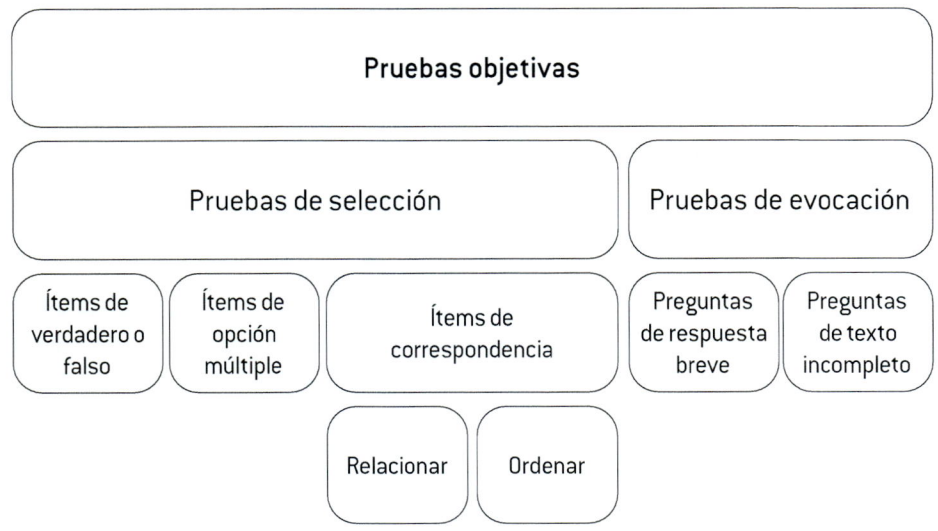

## 2.1.1. Niveles de conocimiento: taxonomía de Bloom

Benjamin Bloom propuso una taxonomía jerárquica de objetivos de la educación, asumiendo que los aprendizajes superiores dependen de la adquisición previa de conocimientos y habilidades inferiores. Esta taxonomía se divide en tres dimensiones:

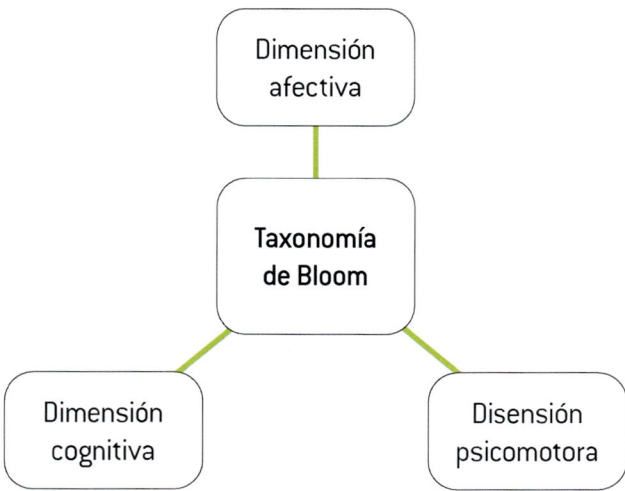

Atendiendo a la dimensión cognitiva, los contenidos teóricos pueden ser organizados en una jerarquía de seis niveles de conocimiento (de lo más simple a lo más complejo).

— Conocimiento: consiste en la memorización y posterior evocación del contenido. Incluye:

1.  Conocimientos específicos: términos, conceptos, hechos específicos, datos concretos, etcétera.

2.  Conocimientos de modos y medios de trabajo: clasificaciones, categorías, criterios, metodología, entre otros.

3.  Conocimientos universales y abstracciones: principios, reglas, teorías, estructuras, etcétera.

— Comprensión: se trata de ir un paso más allá del simple conocimiento y entender el significado de los elementos o ideas. Se basa en la organización y reorganización de lo aprendido (traducción, interpretación, extrapolación...).

— Aplicación: hace referencia a la capacidad de utilizar el contenido aprendido en situaciones concretas y nuevas (aplicando reglas, principios, leyes, teorías, métodos, conceptos, etcétera).

— Análisis: hace referencia a la capacidad de descomponer y separar el contenido en las partes que lo integran, evidenciando su estructura organizativa. Consiste en la identificación de:

1. Elementos.

2. Relaciones entre las partes.

3. Principios organizadores.

— Síntesis: se trata de la capacidad de unir o combinar las diferentes partes para formar un todo nuevo (redactar un ensayo, integrar diferentes contenidos, dar un discurso, plantear una nueva forma de organización, etcétera).

— Evaluación: hace referencia a la habilidad para juzgar o valorar el contenido. Los juicios (cualitativos y/o cuantitativos) pueden hacer referencia a:

1. Evidencias internas.

2. Evidencias externas (criterios).

| NIVEL | VERBOS RELACIONADOS | |
|---|---|---|
| Conocimiento | Citar, completar, contar, copiar, definir, describir, enumerar, identificar, localizar, nombrar, reconocer, seleccionar, subrayar, etcétera. | Nivel inferior |
| Comprensión | Asociar, completar, convertir, demostrar, diferenciar, distinguir, ejemplificar, establecer, estimar, explicar, extrapolar, interpretar, precisar, predecir, reescribir, reordenar, resumir, sintetizar, traducir, transformar, etcétera. | |
| Aplicación | Aplicar, calcular, clasificar, codificar, completar, construir, contornear, correr, delinear, demostrar, descubrir, dibujar, dirigir, emplear, escoger, generalizar, ilustrar, manipular, modificar, operar, organizar, producir, reestructurar, relacionar, resolver, seleccionar, etcétera. | |
| Análisis | Agrupar, analizar, categorizar, clasificar, comparar, contrastar, deducir, descomponer, detectar, diferenciar, discriminar, distinguir, elegir, especificar, esquematizar, identificar, ordenar, relacionar, señalar, separar, transformar, etcétera. | |
| Síntesis | Clasificar, combinar, componer, compilar, construir, constituir, corregir, crear, deducir, diseñar, elaborar, enunciar, escribir, estructurar, formular, ilustrar, inducir, integrar, modificar, planear, planificar, producir, proponer, relacionar, relatar, resumir, sintetizar, etcétera. | |
| Evaluación | Argumentar, calificar, clasificar, comparar, concluir, confirmar, considerar, contrastar, controlar, criticar, decidir, deducir, determinar, distinguir, estandarizar, estimar, evaluar, inferir, justificar, juzgar, validar, valorar, verificar, etcétera. | Nivel superior |

Los niveles de conocimiento propuestos por Bloom fueron revisados posteriormente por diferentes autores. Anderson y Krathwohl (2001) plantearon la siguiente clasificación:

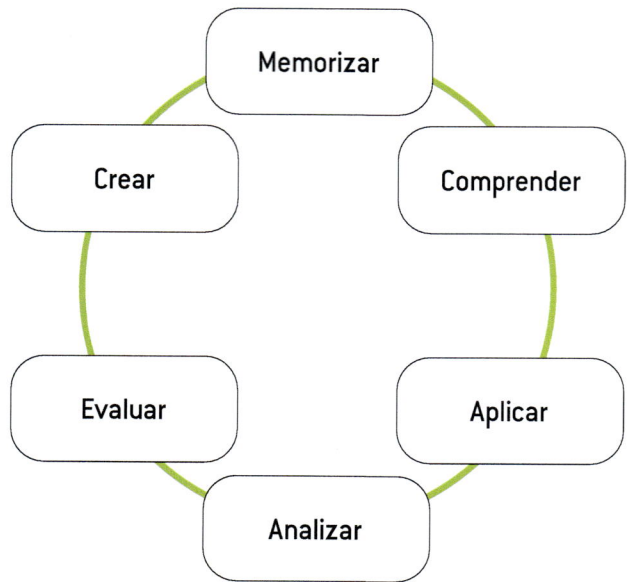

## 2.1.2. Tabla de especificaciones

Las tablas de especificaciones se corresponden con la estructura de las pruebas de evaluación. La elaboración de estas tablas es una fase previa a la elaboración y aplicación del instrumento de evaluación.

La tabla de especificaciones es una matriz de doble entrada que sirve para obtener una guía del contenido que se deberá incluir en cada prueba de evaluación. Este instrumento pretende conseguir que una prueba de evaluación se ajuste a los objetivos de aprendizaje propuestos.

Para elaborar una tabla de especificaciones, se deben seguir los siguientes pasos:

— Identificar las áreas pendientes de evaluación (capacidades y criterios de evaluación) en función de los objetivos propuestos en la programación.

— Ponderar la importancia de cada criterio de evaluación (otorgar un porcentaje o peso específico).

— Determinar un número de ítems para evaluar cada área de contenido.

— Determinar la complejidad de cada ítem: conocimiento, comprensión y aplicación.

Ejemplo de tabla de especificaciones:

| Unidad formativa / Módulo formativo | Contenido | Criterio de evaluación | Objetivo / Criterio de realización / Realizaciones profesionales | Peso específico (%) | N.º de ítems | N.º ítems según tipo |
|---|---|---|---|---|---|---|
| MF1445_3 | 2.1.2. Tipos de ítems | CE2.2: Diferenciar los tipos de ítems a incluir en una prueba de evaluación teórica | RP2: CR2.1, CR2.2, CR2.3, CR2.4, CR2.5. | 15 % | 5 | Conocimiento: 2 Comprensión: 2 Aplicación: 1 |
| | | | | | | |
| | | | | | | |
| | | | | | | |
| | | | | | | |

## 2.1.3. Tipos de ítems: normas de elaboración y corrección

Los ítems más utilizados en la elaboración de pruebas objetivas que evalúan aprendizajes simples son:

— Ítems de verdadero o falso.

— Ítems de opción múltiple.

— Ítems de relacionar.

— Ítems de ordenar.

— Ítems de respuesta breve.

— Ítems de completar.

A continuación se describen las principales características de cada uno de estos ítems, así como las normas generales para su elaboración y corrección.

### Ítems de verdadero o falso

Son enunciados en los que el alumno debe determinar si son afirmaciones ciertas o falsas. El uso de este tipo de ítems debe ser limitado, ya que presenta una serie de limitaciones como:

— Ser capaz de reconocer como falso un enunciado no implica conocer la respuesta correcta.

— Muchas situaciones reales no pueden categorizarse como verdaderas o falsas de manera absoluta.

— La incidencia del azar es del 50 %. Al existir una probabilidad del 50 % de acertar por azar, es necesario requerir un porcentaje de aciertos elevado (por ejemplo, para superar la prueba se deben responder correctamente al 80 % de los ítems), o bien aplicar la siguiente fórmula:

$$\text{Puntuación final} = \text{aciertos} - \text{errores}$$

Normas de elaboración:

— Este tipo de ítems deben suponer un nivel medio-alto de dificultad para evitar que la respuesta correcta sea obvia.

— Cada enunciado debe hacer referencia a una única idea o concepto.

— Evitar formulaciones negativas, especialmente, la doble negación, ya que pueden conducir a errores.

Normas de corrección:

— El personal docente o evaluador deberá corregir estos ítems a través de una plantilla en la que se detallen las respuestas correctas.

— En las acciones formativas en modalidad de *e-learning,* los ítems se corrigen mediante un sistema de autocorrección, debiendo ofrecer *feedback* inmediato acerca del desempeño en la prueba.

Ejemplo:

|  | V | F |
|---|---|---|
| Las listas de cotejo son instrumentos para la evaluación de contenidos teóricos. |  |  |

## Ítems de opción múltiple

Se trata de enunciados que se completan mediante una serie de opciones, de las cuales una o varias son correctas. Este tipo de ítems reduce la probabilidad de acierto por azar, por lo que son muy utilizados en las pruebas objetivas para evaluar contenidos teóricos.

En los ítems de opción múltiple, existen dos variantes:

— Selección de una única respuesta correcta.

— Selección de varias respuestas correctas.

— Selección de la mejor respuesta (todas las alternativas son verdaderas, pero hay una opción más correcta).

Normas de elaboración:

— En la redacción de los ítems de opción múltiple, es importante cuidar la redacción del enunciado, de las respuestas correctas y de las respuestas incorrectas (llamadas distractores).

— Redactar una pregunta concreta y clara, evitando sobrecargar el enunciado.

— Variar la posición de la respuesta correcta.

— En la redacción de las alternativas, lo habitual es incluir tres distractores y una opción correcta. A mayor número de distractores (alternativas incorrectas), menor probabilidad de acertar por azar.

— Evitar incluir indicios o claves que orienten al alumno sobre cuál es la opción correcta. Para ello, se recomienda:

    1. Redactar las respuestas correctas con una longitud y complejidad similar a los distractores.

    2. Evitar incluir términos absolutos («siempre», «nunca», «todo», «nada», etc.) ya que suelen estar asociados a alternativas falsas y hacen más obvia la respuesta correcta. Por el contrario, las expresiones «habitualmente», «en determinadas ocasiones», «con frecuencia», etc., se asocian a las respuestas correctas.

    3. No incluir alternativas opuestas al sentido de la opción correcta.

    4. Mantener la coherencia gramatical entre el enunciado y todas las alternativas de respuesta.

Normas de corrección:

— El personal docente o evaluador deberá corregir estos ítems a través de una plantilla en la que se detallen las respuestas correctas.

— Es fundamental prestar atención a los errores cometidos por los alumnos, con el fin de reorientarlos e identificar errores comunes que pueden indicar tendencias que hay que corregir.

— En las acciones formativas en modalidad de *e-learning,* los ítems se corrigen mediante un sistema de autocorrección. Se debe acompañar cada opción con un *feedback,* que proporcione información adicional sobre la respuesta correcta y explique los errores.

Ejemplo:

Las escalas Likert evalúan...

a) Conocimientos.

b) Habilidades.

c) Destrezas.

d) Actitudes.


**Ítems de relacionar**

Los ítems de relacionar consisten en presentar dos conjuntos o listados de elementos (definiciones, conceptos, características, etc.) que el alumno debe relacionar entre sí.

Normas de elaboración:

— Es recomendable elaborar listas impares o con un número de elementos desiguales para evitar el acierto por eliminación (que el último emparejamiento sea obvio). En las instrucciones de la prueba debe indicarse que los elementos pueden relacionarse una vez, varias veces o ninguna vez.

— Se aconseja que el orden de los elementos sea alfabético o, en el caso de elementos numéricos, ordinal.

— Los elementos que se van a incluir en las listas deben ser homogéneos.

Normas de corrección:

— El personal docente o evaluador deberá corregir estos ítems a través de una plantilla en la que se detallen las respuestas correctas.

— En las acciones formativas en modalidad de *e-learning,* los ítems se corrigen mediante un sistema de autocorrección, debiendo ofrecer *feedback* inmediato acerca del desempeño en la prueba.

— La puntuación de los ítems de relacionar se puede obtener de dos maneras:

1. Puntuación = N.º aciertos / N.º alternativas totales

2. Puntuación = N.º aciertos

Ejemplo:

Relaciona cada tipo de prueba con un ejemplo (los elementos pueden relacionarse una vez, varias veces o ninguna vez).

| 1) Prueba embriológica | 1) La presencia de cola en los embriones de vertebrados. |
|---|---|
| 2) Prueba biomolecular | 2) La presencia de cola en los embriones de vertebrados. |
| 3) Prueba anatómica | 3) Uniformidad de las rutas metabólicas principales. |
| 4) Prueba palentológica | 3) Especies emparentadas en diferentes continentes. |
| 5) Prueba biogeográfica | 6) Conservación de regiones del ADN con importantes funciones. |
| | 7) Diferencias entre mamíferos actuales y marsupiales. |

## Ítems de ordenar

Son elementos que el alumno debe secuenciar en función de algún criterio dado.

Normas de elaboración

— Es importante seleccionar elementos que solo puedan secuenciarse de una única manera y definir claramente el criterio organizador (por ejemplo, etapas o fases de un proceso).

Normas de corrección

— Deben definirse previamente los criterios que se utilizarán para corregir la prueba.

— Existen diferentes opciones a la hora de corregir este tipo de ítems: puntuar cada vez que un elemento se coloca en la posición correcta, dar por superada la prueba solo si se ordenan correctamente todos los elementos, ponderar la importancia de los elementos, etcétera.

Ejemplo:

Ordena por orden cronológico los siguientes hitos de la prehistoria:
— Primeros objetos de cobre.
— Comienzo de la última glaciación.
— Primeros documentos escritos en Mesopotamia.
— Extinción de los neardentales.
— Nacimiento de la civilización maya clásica.
— Invención de la rueda.
— Primeros objetos de hierro.
— Nace el Neolítico en Mesopotamia.
— Primeros objetos de bronce.

## Ítems de respuesta breve

Son enunciados o cuestiones a los que el alumno debe redactar una respuesta abierta y elaborada. Sin embargo, esta respuesta breve está restringida por el espacio, tiempo, contenido, etcétera.

Son útiles para evaluar el conocimiento de la terminología, de hechos específicos, de principios y generalizaciones. Sin embargo, los ítems de respuesta breve presentan ciertas limitaciones, ya que solo permiten evaluar el aprendizaje de datos concretos y específicos. No debe abusarse de su uso, ya que fomentan la simple memorización.

Normas de elaboración:

— La redacción de estos ítems no debe condicionar la respuesta del alumno.

— La pregunta debe redactarse de manera que solo sea posible una respuesta breve.

— Evitar el uso de la expresión literal que aparece en el manual, libro o material didáctico utilizado, ya que, de esa manera, se estimula la comprensión y no la simple memorización de conceptos.

Normas de corrección:

— De manera previa a la corrección, es necesario identificar los puntos que deben aparecer en la respuesta (criterios de valoración y peso específico de cada criterio).

— Es aconsejable, preparar una respuesta «modelo» para cada pregunta.

— Considerar como válidas todas las respuestas que hagan referencia a la idea o concepto requerido (una misma idea puede expresarse de diferentes maneras).

Ejemplo:

¿Cómo se denominan las dimensiones en las que se divide la taxonomía de Bloom?
Respuesta «modelo»: dimensiones afectiva, psicomotora y cognitiva.

## Ítems de completar

Son enunciados en los que existen espacios en blanco que el alumno debe rellenar.

Normas de elaboración:

— El espacio por completar debe limitarse a una sola opción correcta (una sola palabra o pocas palabras).

— El espacio en blanco debe tener siempre la misma longitud para no facilitar pistas sobre la respuesta correcta.

Normas de corrección:

— El personal docente o evaluador debe disponer de un listado de posibles opciones correctas o variaciones de la respuesta correcta.

— Se debe considerar válida toda respuesta que haga referencia a la respuesta requerida (un mismo concepto o idea puede expresarse de maneras diferentes).

— En las acciones formativas en modalidad de *e-learning,* es importante que el sistema reconozca la respuesta correcta aunque esté escrita de diferentes modos (por ejemplo, en mayúsculas o minúsculas, singular o plural, con o sin tildes, etcétera).

Ejemplo:

---

Completa la siguiente frase:

La evaluación con referencia a _____ se basa en la comparación de unos alumnos con otros, mientras que la evaluación con referencia a _____ se basa en una serie de objetivos predefinidos.

Respuestas válidas: a. la norma; b. al criterio

---

## 2.1.4. Instrucciones para la aplicación de las pruebas

Para la aplicación de las pruebas objetivas, se recomienda seguir las siguientes instrucciones:

— Informar al alumnado de las características generales de la prueba de evaluación (tipo de prueba, contenido que se debe evaluar, criterios de calificación, tiempo estimado para su realización, etc.). Es importante proporcionar al alumnado instrucciones relativas a:

  1. Los materiales y equipos permitidos durante la realización de la prueba (calculadoras, diccionarios, etcétera).

  2. La posibilidad de plantear dudas durante la aplicación de la prueba.

— Informar sobre las pautas de cumplimentación de la prueba y responder a las dudas que planteen los alumnos sobre ellas.

— Ubicar a los alumnos de manera que se facilite la concentración y se eviten distracciones.

— Asegurarse de que los todos alumnos disponen del material necesario para realizar la prueba.

— Evitar los elementos distractores (visuales, auditivos, etcétera).

— Al recoger las pruebas de cada alumno, verificar que ha cumplimentado sus datos personales.

## 2.1.5. Estructura de la prueba objetiva: encabezado, instrucciones generales e instrucciones específicas

Las pruebas objetivas presentan la siguiente estructura básica:

a. Encabezado.

b. Instrucciones generales.

c. Instrucciones específicas.

d. Relación de ítems.

El encabezado de las pruebas objetivas está compuesto generalmente por la siguiente información:

— Identificación de la acción formativa (nombre, número, expediente, etcétera).

— Identificación de la unidad formativa o módulo formativo que se evalúa (código y denominación).

— Identificación de la prueba (tipo, número, etcétera).

— Centro o entidad de formación.

— Fecha.

— Nombre y apellidos del alumno/a.

Las instrucciones de la prueba se detallan tras el encabezado y pueden incluir información sobre:

— Instrucciones generales:

 1. Criterios de calificación.

 2. Puntuación mínima para ser considerado como «apto».

 3. Tiempo estimado para la realización de la prueba.

— Instrucciones específicas:

1. Normas de cumplimentación: por ejemplo: «Seleccione una de las cuatro opciones presentadas», «Marque con una cruz la opción correcta», etcétera.

2. Número y tipo de ítems.

3. Otras pautas.

## 2.1.6. Instrucciones para la aplicación, corrección y calificación de las pruebas

En la corrección de una prueba objetiva se pueden obtener dos tipos de puntuaciones:

— Una puntuación directa: se obtiene otorgando un punto en cada una de las preguntas contestadas correctamente.

— Una puntuación corregida: se utiliza para eliminar la aleatoriedad (influencia del azar en las respuestas), penalizando las respuestas incorrectas. Para controlar la aleatoriedad en las respuestas de las pruebas objetivas, puede aplicarse la siguiente fórmula:

$$\text{Puntuación corregida} = A - \frac{E}{n - 1}$$

A: número de aciertos.

E: número de errores.

n: número de opciones o alternativas de respuesta en cada ítem.

### Calificación de las pruebas

Una vez corregidas las pruebas objetivas de evaluación, es necesario transformar la puntuación obtenida en algún sistema de calificación. Esta conversión se puede llevar a cabo de dos formas:

— Utilizando un sistema de conversión criterial (se debe fijar previamente el nivel de realización mínimo para considerar «apto» al alumno). La fórmula más sencilla para convertir una puntuación directa (PD) o número de aciertos en una calificación (escala de 0 a 10) es:

$$\text{Calificación} = \frac{PF}{N.^o\ total\ de\ ítmes} \times 10$$

— Utilizando un sistema de conversión normativo (las puntuaciones obtenidas por el grupo que realiza la prueba determinarán la pauta de conversión). Aplicando este método, se puede determinar que la media de las puntuaciones obtenidas por los alumnos del grupo indique el nivel mínimo de realización.

## 2.2. Evaluación de aprendizajes complejos: ejercicio interpretativo, pruebas de ensayo, pruebas orales, entre otros

La evaluación de los aprendizajes complejos requiere la aplicación de pruebas que requieran una respuesta más elaborada y de mayor profundidad que la demandada en la evaluación de los aprendizajes simples.

Las principales pruebas para evaluar aprendizajes complejos son:

### Ejercicio interpretativo

Los ejercicios interpretativos son aquellos en los que se presenta un conjunto de información o datos que el alumno debe interpretar (tablas, mapas, gráficos, ilustraciones, textos, etc.). Esta información se denomina habitualmente *material de introducción* o *base de información.*

A partir de esta base de información, se requiere al alumno que responda a una serie de preguntas o ítems, siendo necesario el análisis y la interpretación de dicha información.

### Pruebas de ensayo

También son conocidas como pruebas de desarrollo, pruebas abiertas o pruebas comprensivas. Las respuestas a estas pruebas son abiertas pero, a diferencia de las preguntas de respuesta breve, el alumno no tiene limitaciones en cuanto a la forma de estructurar o seleccionar el contenido que va a incluir en su respuesta.

Este tipo de pruebas permite evaluar aprendizajes complejos, ya que supone la elaboración de respuestas en función de los conocimientos y criterios del alumno. Estas pruebas permiten valorar la calidad y profundidad de las respuestas dadas por el alumno.

En ocasiones, pueden plantearse pruebas de ensayo en las que el alumno pueda consultar fuentes, referencias o material bibliográfico. Incluso, pueden realizarse pruebas en las que el alumno responda a las cuestiones en su propia casa o fuera del aula, ya que de esta manera también se pondrán de manifiesto capacidades de análisis de la información, síntesis, organización, evaluación, etcétera.

**Pruebas orales**

Las pruebas orales son aquellas en las que los alumnos responden de viva voz a las preguntas realizadas por el personal docente y/o evaluador.

Actualmente, las pruebas orales se realizan mediante entrevistas, debates, intervenciones orales de los alumnos, simulaciones o juegos de roles, dinámicas de grupos, entre otros.

Este tipo de pruebas de evaluación presentan una serie de limitaciones, entre las que destaca la influencia de variables externas no relacionadas con los objetivos de aprendizaje (competencias lingüísticas del alumno, estado emocional del alumno, subjetividad del docente o evaluador, etc.). Un error muy frecuente al aplicar pruebas orales es confundir la destreza comunicativa del alumno con su conocimiento sobre el contenido que se evalúa.

Las pruebas orales pueden clasificarse en función de diferentes criterios:

— Según el número de alumnos evaluados:

  1. Individuales.

  2. Grupales.

— Según el nivel de participación del docente/evaluador:

  1. Independientes: el docente/evaluador formula las cuestiones y no interviene hasta que el alumno finaliza su respuesta.

  2. Intervinientes: el docente/evaluador ayuda al alumno, realiza intervenciones, solicita aclaraciones, etcétera.

— Según el momento de la respuesta:

  1. Inmediatas: se solicita al alumno que responda de manera inmediata a la pregunta formulada por el docente/evaluador.

  2. Diferidas: se concede al alumno un espacio de tiempo determinado para que este prepare su respuesta.

## 2.2.1. Normas de elaboración y corrección de pruebas de aprendizajes complejos

La elaboración de este tipo de pruebas es más sencilla que las pruebas objetivas, sin embargo, su corrección es más compleja, ya que no existe una única respuesta correcta. Además, es fundamental evitar la influencia de variables externas en la corrección de las pruebas de ensayo (subjetividad del evaluador, caligrafía, orden y limpieza en la presentación, competencias lingüísticas del alumnado, etcétera).

En la elaboración de pruebas de evaluación de aprendizajes complejos se recomienda redactar las preguntas en términos precisos y con claridad, evitando ambigüedades, e incluir una breve introducción o instrucciones que incluya pautas generales como:

— Tiempo disponible para realizar la prueba.

— Materiales que pueden utilizarse o consultarse (en su caso).

— Extensión aproximada de la respuesta.

— Criterios de evaluación.

— Otras pautas o normas para la cumplimentación de la prueba.

De manera previa a la corrección, es necesario preparar una respuesta modelo para cada pregunta e identificar claramente qué puntos deben aparecer en la respuesta (criterios de valoración y peso específico de cada criterio). Es útil elaborar una matriz de valoración en la que queden reflejados los elementos que se deben evaluar y los criterios para valorar cada uno de los elementos.

En el caso de los ejercicios interpretativos, se deben elaborar las preguntas o ítems de manera que sea necesario el análisis e interpretación de la base de información. Es decir, es necesario asegurarse de que las preguntas no solicitan datos que pueden extraerse directamente del material de introducción (sin analizarlo) o pueden contestarse sin necesidad de leer la base de información.

En las pruebas orales, la elaboración de las preguntas debe realizarse previamente (no improvisar) y preparar preguntas que evalúen los objetivos propuestos, evitando enunciados poco relevantes. Para su corrección, debe elaborarse previamente una matriz de valoración que permita al personal docente y/o evaluador identificar los criterios de evaluación y anotar el nivel alcanzado por el alumno.

# RESUMEN

— Los contenidos teóricos son aquellos relacionados con el conocimiento de datos, hechos, conceptos o principios. Pueden dividirse en aprendizajes simples y complejos.

— Los aprendizajes simples se evalúan mediante pruebas objetivas, cuyas características principales son: objetividad, facilidad de aplicación y corrección, precisión y posibilidad de comparación de datos y tratamiento estadístico.

— Las pruebas objetivas solo permiten evaluar resultados o productos finales, no los procesos subyacentes, aspectos actitudinales o actividades prácticas.

— Las pruebas objetivas para evaluar aprendizajes simples pueden clasificarse en dos categorías: pruebas de selección y pruebas de evocación.

— La taxonomía de objetivos de la educación propuesta por Bloom asume que los aprendizajes superiores dependen de la adquisición previa de conocimientos y habilidades inferiores.

— Esta taxonomía de Bloom se divide en tres dimensiones: afectiva, psicomotora y cognitiva.

— En la dimensión cognitiva, los contenidos teóricos se organizan en una jerarquía de seis niveles de conocimiento (de lo más simple a lo más complejo): conocimiento, comprensión, aplicación, análisis, síntesis y evaluación.

— La tabla de especificaciones es una matriz de doble entrada que sirve para obtener una guía del contenido que se deberá incluir en cada prueba de evaluación. Este instrumento pretende conseguir que una prueba de evaluación se ajuste a los objetivos propuestos.

— Los ítems más utilizados en la elaboración de pruebas de evaluación objetivas son: verdadero o falso, opción múltiple, relacionar, ordenar, respuesta breve y texto incompleto.

— En la corrección de una prueba objetiva se pueden obtener dos tipos de puntuaciones: una puntuación directa (otorgando un punto en cada una de las respuestas correctas) y una puntuación corregida (utilizada para eliminar la influencia del azar en las respuestas).

— Las puntuaciones obtenidas en las pruebas objetivas de evaluación deben transformarse en algún sistema de calificación. Esta conversión se puede llevar a cabo de dos formas: utilizando un sistema de conversión criterial o un sistema de conversión normativo.

— La evaluación de los aprendizajes complejos requiere la aplicación de pruebas que requieran una respuesta más elaborada y de mayor profundidad que la demandada en la evaluación de los aprendizajes simples.

— Las principales pruebas para evaluar aprendizajes complejos son: ejercicio interpretativo, pruebas de ensayo y pruebas orales.

— En la corrección de pruebas de evaluación de aprendizajes complejos es fundamental evitar la influencia de variables externas (subjetividad del evaluador, caligrafía, orden y limpieza en la presentación, etcétera).

# AUTOEVALUACIÓN

**2.1.** ¿Qué aprendizajes evalúan las pruebas objetivas?

a) Aprendizajes teóricos simples.

b) Aprendizajes teóricos complejos.

c) Aprendizajes prácticos.

**2.2** Señala la opción incorrecta en relación a las pruebas objetivas:

a) El alumno no elabora una respuesta compleja.

b) Son difíciles de corregir.

c) Permiten la comparación de datos y su tratamiento estadístico.

**2.3.** ¿Qué nivel de conocimiento de la taxonomía de Bloom consiste en la capacidad de descomponer y separar el contenido en las partes que lo integran?

a) Síntesis.

b) Análisis.

c) Comprensión.

**2.4.** ¿Qué tipo de ítem presenta una probabilidad mayor de aciertos por azar?

a) Verdadero o falso.

b) Opción múltiple.

c) Relacionar.

**2.5.** Señala la opción incorrecta en relación con los ítems de respuesta breve:

a) Fomentan la simple memorización.

b) La respuesta es abierta y no está restringida.

c) Son útiles para evaluar el conocimiento de la terminología.

**2.6.** ¿Qué tipo de puntuación no elimina la influencia del azar en las respuestas?

a) Puntuación indirecta.

b) Puntuación directa.

c) Puntuación corregida.

**2.7.** ¿En qué sistema de calificación las puntuaciones obtenidas por el grupo determinan la pauta de conversión?

a) Sistema de conversión criterial.

b) Sistema de conversión referencial.

c) Sistema de conversión normativo.

**2.8.** ¿Qué prueba evalúa aprendizajes complejos?

a) Ejercicio de respuesta breve.

b) Ejercicio interpretativo.

c) Ejercicio de relacionar.

**2.9.** ¿Qué pruebas de evaluación presentan al alumno un material de introducción o base de información?

a) Pruebas de ensayo.

b) Pruebas orales.

c) Ejercicios interpretativos.

**2.10.** Los ítems de texto incompleto son un tipo de:

a) Pruebas de evocación.

b) Pruebas de selección.

c) Ítems de correspondencia.

## ACTIVIDADES DE APLICACIÓN

### ACTIVIDAD 2.1

Señala si las siguientes afirmaciones son verdaderas o falsas acerca de las pruebas objetivas:

|  | V | F |
|---|---|---|
| Las pruebas objetivas permiten evaluar resultados o productos finales. | | |
| Las pruebas objetivas permiten evaluar los procesos subyacentes o destrezas. | | |
| Las pruebas objetivas permiten evaluar los aspectos actitudinales. | | |
| En las pruebas objetivas el alumno no elabora una respuesta compleja. | | |

### ACTIVIDAD 2.2

Relaciona cada nivel de conocimiento de la taxonomía de Bloom con su definición (los elementos pueden relacionarse una vez, varias veces o ninguna vez).

| | |
|---|---|
| 1) Análisis | a) Capacidad de utilizar el contenido aprendido en situaciones concretas y nuevas. |
| 2) Aplicación | b) Unir las diferentes partes para formar un todo nuevo. |
| 3) Evaluación | c) Capacidad de descomponer y separar el contenido en las partes que lo integran. |
| 4) Conocimiento | d) Juzgar o valorar el contenido. |
| | e) Memorización y posterior evocación del contenido. |

### ACTIVIDAD 2.3

Un alumno realiza una prueba objetiva de evaluación compuesta por 25 ítems de opción múltiple (4 alternativas de respuesta). Los resultados obtenidos fueron:

N.º de aciertos: 17

N.º de errores: 8

Indica cuál es su puntuación directa y la puntuación corregida en esta prueba.

## ACTIVIDAD 2.4

Un alumno realiza una prueba objetiva de evaluación compuesta por 30 ítems de opción múltiple (3 alternativas de respuesta). Los resultados obtenidos fueron:

N.º de aciertos: 19

N.º de errores: 11

Siguiendo un sistema de conversión criterial, calcula su calificación en una escala de 0 a 10.

## CASO PRÁCTICO

Para la evaluación del alumnado del MF1445_3, diseña dos pruebas de evaluación para determinar el grado de cumplimiento de los objetivos de aprendizaje:

1. Prueba objetiva que incluya:

   - Ítems de verdadero / falso.

   - Ítems de opción múltiple.

   - Ítems de correspondencia.

   - Prueba de evocación con preguntas de respuesta breve.

   - Recuerda incluir las instrucciones de la prueba (características, pautas de cumplimentación y otras indicaciones).

2. Prueba de evaluación sumativa del MF1445_3 que incluya:

   - Ejercicio interpretativo.

   - Ejercicio de ensayo.

# GLOSARIO

- **Calificación:** evaluación o puntuación que se asigna al alumno/a para expresar su nivel de rendimiento o conocimiento en un área específica.

- **Criterio de evaluación:** estándares o parámetros establecidos para medir y valorar el desempeño o el cumplimiento de un determinado conjunto de actividades, tareas o metas. Estos criterios proporcionan una base objetiva para evaluar y tomar decisiones sobre el rendimiento del alumnado.

- **Ejercicio interpretativo:** pruebas de evaluación en las que se presenta un conjunto de información o datos que el alumno debe interpretar (tablas, mapas, gráficos, ilustraciones, textos, etcétera).

- **Ítems:** preguntas individuales que forman parte de una prueba diseñada para evaluar el conocimiento, habilidades o competencias en una determinada área o materia. Los ítems constituyen las unidades básicas de la evaluación y pueden adoptar diversas formas, como preguntas de opción múltiple, verdadero o falso, respuestas cortas, ensayos, problemas matemáticos, entre otros.

- **Pruebas de ensayo:** también conocidas como *pruebas de desarrollo, pruebas abiertas o pruebas comprensivas,* son actividades de evaluación cuyas respuestas son abiertas. A diferencia de las preguntas de respuesta breve, el alumno/a no tiene limitaciones en cuanto a la forma de estructurar o seleccionar el contenido que va a incluir en su respuesta.

- **Pruebas orales:** aquellas pruebas en las que los alumnos/as responden de viva voz a las preguntas realizadas por el personal docente y/o evaluador.

- **Resultado del aprendizaje:** elemento básico del currículo que describe lo que se espera que un estudiante conozca, comprenda y sea capaz de hacer, asociado a un elemento de competencia y que orienta el resto de elementos curriculares, incluidos los criterios de evaluación que permitan constatar que el estudiante ha alcanzado el mismo.

- **Taxonomía:** sistema de clasificación y organización jerárquica de elementos o conceptos, basado en sus características comunes.

# MAPA CONCEPTUAL

**ELABORACIÓN DE PRUEBAS PARA LA EVALUACIÓN DE CONTENIDOS TEÓRICOS**

**EVALUACIÓN DE APRENDIZAJES SIMPLES: PRUEBA OBJETIVA**

- Prueba objetiva:
  · Pruebas de selección (o reconocimiento)
  · Pruebas de evocación

**PRUEBA OBJETIVA: TIPOS DE ÍTEMS**

- Ítems de verdadero o falso
- Ítems de opción múltiple
- Ítems de relacionar
- Ítems de ordenar
- Ítems de respuesta breve
- Ítems de completar

**EVALUACIÓN DE APRENDIZAJES COMPLEJOS**

- Ejercicio interpretativo
- Pruebas de ensayo
- Pruebas orales

**NIVELES DE LA TAXONOMÍA DE BLOOM**

- Conocimiento
- Comprensión
- Aplicación
- Análisis
- Síntesis
- Evaluación

# 3. Diseño y elaboración de pruebas de evaluación de prácticas adaptadas a la modalidad de impartición

# Contenido

Las pruebas prácticas permiten evaluar, por un lado, el proceso de ejecución de una actividad y, por otro, el resultado o producto de dicha actividad. Estas pruebas consisten en plantear a los alumnos situaciones o simulaciones de trabajo con el objetivo de evaluar las habilidades y destrezas adquiridas durante el proceso de enseñanza-aprendizaje.

El diseño y la elaboración de pruebas de evaluación prácticas difiere dependiendo de la modalidad de impartición (presencial o en línea):

— En las acciones formativas presenciales las pruebas se realizan en el aula, taller, laboratorio, etc. Es decir, es necesario disponer y preparar un entorno físico adecuado que permita simular tareas semejantes a las realizadas en el contexto profesional real. Del mismo modo, deben disponerse las herramientas, materiales y equipos necesarios para la correcta realización de la prueba práctica.

— En las acciones formativas en línea las pruebas prácticas se realizan *online* mediante programas o simuladores diseñados específicamente para tal fin. El entorno virtual de aprendizaje debe presentar una situación lo más semejante posible al contexto profesional real. El desarrollo de estos programas y aplicaciones es laborioso e implica una inversión inicial elevada. Sin embargo, una vez desarrollados, pueden utilizarse con un gran número de alumnos de manera simultánea.

— La principal diferencia entre las pruebas prácticas realizadas en línea y las presenciales debe ser el momento y el lugar en el que se realizan (espacio físico o medios telemáticos). Sin embargo, la situación planteada debe ser similar (tareas semejantes a las que se desempeñan en la ocupación), así como los criterios de evaluación.

## 3.1. Criterios para la elaboración de prácticas presenciales y en línea

La elaboración de pruebas prácticas debe basarse en el contexto profesional de la ocupación o competencia. Es decir, deben proponerse situaciones que simulen las condiciones reales de trabajo (utilización de los mismos materiales y medios, generación de productos y resultados específicos de la ocupación, etcétera).

Por ello, para confeccionar pruebas prácticas en la formación profesional para el empleo, es necesario analizar las realizaciones y criterios de realización de cada unidad de competencia evaluable, así como el contexto profesional y, en función de estos, elaborar las pruebas de evaluación.

Las tareas o ejecuciones que se planteen en las pruebas prácticas deben ser representativas del contenido y cumplir las siguientes características:

— Ser directamente observables.

— Estar definidas con claridad y precisión.

— Estar descritas de manera operativa.

— Ser semejantes a las situaciones reales de trabajo.

Como se ha comentado anteriormente, la elaboración de actividades prácticas difiere si se trata de acciones formativas presenciales o en línea. En los entornos virtuales de formación, se deben diseñar y crear herramientas que simulen los entornos reales de trabajo y, además, ofrezcan un *feedback* inmediato sobre el desempeño del alumno. El proceso de ejecución, así como el resultado de la prueba práctica realizada en acciones *e-learning* debe quedar registrado y almacenado en la plataforma para poder ser valorado por el docente.

Los entornos virtuales de aprendizaje permiten la creación de simulaciones, espacios para el trabajo colaborativo, realización de casos prácticos, etc., que posibilitan la evaluación de destrezas y habilidades.

Por otro lado, los entornos virtuales de aprendizaje permiten a los docentes analizar la cantidad y calidad de la participación del alumnado, ofreciendo información sobre los resultados y la evolución del alumno a lo largo de la acción formativa.

De manera previa a la elaboración de las pruebas de evaluación prácticas, es necesario definir algunos aspectos como:

— Indicadores de logro.

— Escalas de medida que van a utilizarse para comprobar o medir el desempeño en cada uno de los indicadores de logro y, de esta manera, asignar el valor alcanzado en el mismo.

— Ponderaciones: establecer el peso específico o relevancia de cada indicador.

— Mínimo exigible o valor que debe alcanzarse para superar la evaluación.

Tras definir estos aspectos, es útil registrar esta información en un cuadro-resumen, como:

| EVIDENCIAS DE COMPETENCIA | |
|---|---|
| Demostración de destrezas y habilidades vinculadas a la unidad de competencia | |
| Resultados que se deben comprobar: | |
| Indicadores de logro. | |
| Peso específico de cada indicador. | |
| Instrumentos de evaluación. | |
| Escalas de media. | |
| Puntuación de corte para superar la prueba. | |

## 3.2. Criterios para la corrección

A diferencia de las pruebas objetivas (ítems de verdadero o falso, opción múltiple, texto incompleto, etc.), la corrección de las pruebas prácticas es muy compleja, ya que deben valorarse tanto los procesos de ejecución de la tarea (manifestación de determinadas destrezas o indicadores de logro) como los productos o resultados de la misma.

Para la corrección de pruebas prácticas, el personal docente y/o evaluador debe conocer en profundidad las realizaciones profesionales y criterios de realización que debe desarrollar el alumnado.

Además, es necesario disponer de instrumentos que permitan anotar y registrar el desempeño de los alumnos durante la realización de la prueba (listas de cotejo, escalas de calificación, etcétera).

### 3.2.1. Listas de cotejo

Una lista de cotejo es un instrumento de verificación. Se trata de un listado de enunciados o aspectos que evaluar (capacidades, habilidades, destrezas, etc.), conocidos como indicadores de logro. El personal docente y/o evaluador debe señalar en la lista de cotejo la presencia o ausencia de los mismos en el aprendizaje de cada alumno.

En la elaboración de listas de cotejo deben tenerse en cuenta los siguientes aspectos:

— Determinar el criterio o competencia que hay que evaluar.

— Redactar todos los indicadores de logro (cada indicador debe hacer referencia a un solo aspecto evaluable).

— Elaborar una tabla con, al menos, tres columnas: una para incluir el listado de indicadores, otra para marcar cuando el indicador aparezca (puede denominarse «presente», «logrado», «sí», «alcanzado», etc.) y una última columna para marcar cuando el indicador no se manifieste («no presente», «no logrado», «ausente», «no», «no alcanzado», etcétera).

Ejemplo de lista de cotejo:

| Lista de cotejo<br>UFO518: Gestión auxiliar de la correspondencia y paquetería en la empresa | | | |
|---|---|---|---|
| N.º | Indicador | Sí | No |
| 1 | Aplica las tarifas y procedimientos de envío en la correspondencia emitida al exterior. | | |
| 2 | Opera adecuadamente con medios telemáticos para recepcionar, registrar, distribuir y archivar comunicaciones escritas y correspondencia. | | |
| 3 | Clasifica las comunicaciones en función de su emisor, receptor y asunto. | | |
| 4 | Registra y archiva adecuadamente de forma convencional comunicaciones y/o correspondencia. | | |
| 5 | Empaqueta adecuadamente la documentación y/o los artículos entregados. | | |

Ejemplo de lista de cotejo para evaluar y/o comparar al grupo:

| Lista de cotejo | | | | | | | | | | |
|---|---|---|---|---|---|---|---|---|---|---|
| | Ind. 1 | | Ind. 2 | | Ind. 3 | | Ind. 4 | | Ind. 5 | |
| | Sí | No | Sí | No | Sí | No | Sí | No | Sí | No | Total |
| Alumno 1 | x | | x | | x | | x | | x | | 5/5 |
| Alumno 2 | | x | x | | | x | x | | x | | 3/5 |
| Alumno 3 | x | | x | | | x | x | | x | | 4/5 |
| ... | | | | | | | | | | | |

### 3.2.2. Escalas de calificación: numérica, gráfica y descriptiva

Las escalas de calificación son los instrumentos que sirven para valorar el desempeño o rendimiento del alumnado en una o varias pruebas de evaluación. Consisten en un listado de criterios o indicadores evaluables, valorados con escalas que definen los niveles progresivos de desempeño que pueden alcanzar los alumnos.

Las escalas de calificación pueden ser utilizadas en la evaluación de procesos y resultados de aprendizaje, indicando la cantidad o el nivel alcanzado del aspecto evaluado. A diferencia de las listas de cotejo, no solo se refleja si el alumno muestra o no una determinada destreza o habilidad, sino en qué grado la ha desarrollado.

Para elaborar listas de calificación, se deben seguir los siguientes pasos:

— Seleccionar los criterios de evaluación o indicadores que se van a valorar.

— Definir el tipo de escala (descriptiva, numérica o gráfica).

— Establecer los valores de la escala. Los valores pueden hacer referencia a diferentes unidades de medida, por ejemplo, a la calidad (excelente, muy bueno, bueno), a la frecuencia (siempre, a veces, nunca), etcétera.

— Enunciar cada indicador.

— Redactar las instrucciones para cumplimentar la escala de calificación.

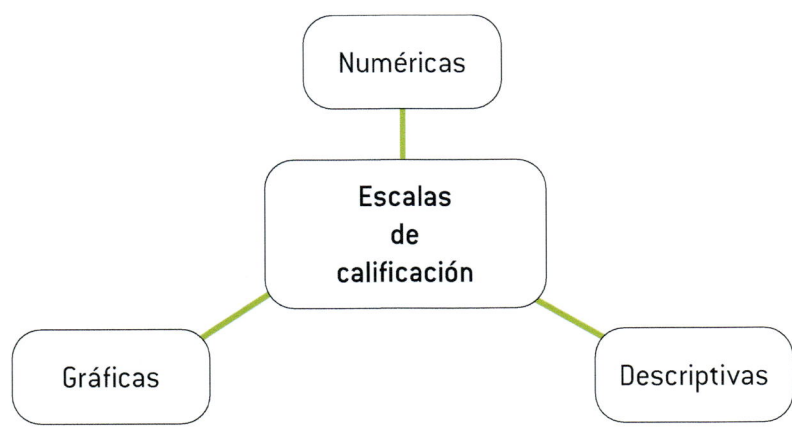

Los tres tipos de escalas de calificación son:

— Escala numérica

    Valoran el grado de consecución de los objetivos o indicadores de logro atribuyéndole un valor numérico. Estas escalas consisten en un listado de enunciados, los cuales van seguidos del valor numérico que el docente o evaluador le asigna a cada alumno. Las escalas numéricas pueden clasificarse en:

1. Clasificación absoluta: por ejemplo, 1,2,3,4 y 5.

2. Clasificación por intervalos: por ejemplo, 1-3; 4-5; 6-8 y 9-10.

| 1 | 2 | 3 | 4 | 5 |
|---|---|---|---|---|
|   |   |   |   |   |

— Escala gráfica

Están compuestas por una afirmación o enunciado acompañado de una escala formada por categorías que representan el nivel alcanzado por el alumno. Un ejemplo de escala gráfica es:

| Nunca | Rara vez | Ocasionalmente | Frecuentemente | Siempre |
|-------|----------|----------------|----------------|---------|
|       |          |                |                |         |

— Escala descriptiva

Se trata de descripciones más amplias que las incluidas en las escalas gráficas y que valoran el nivel alcanzado por el alumno mediante frases descriptivas (concisas, claras y observables). Un ejemplo de escala descriptiva es:

| Trabaja de manera desorganizada | Mantiene un nivel aceptable de orden | Trabaja de manera organizada | Trabaja de manera excepcionalmente organizada |
|---------------------------------|--------------------------------------|------------------------------|-----------------------------------------------|
|                                 |                                      |                              |                                               |

Ejemplo de escala de calificación numérica:

| Escala de calificación numérica<br>MF1424_2: Emisión y gestión de llamadas salientes en un servicio de teleasistencia | | | | | | |
|---|---|---|---|---|---|---|
| N.º | Indicador | 1 | 2 | 3 | 4 | 5 |
| 1 | Recupera el expediente de la persona usuaria en la aplicación informática. | | | | | |
| 2 | Codifica en la aplicación informática lo sucedido durante la conversación telefónica. | | | | | |
| 3 | Cumplimenta la información solicitada en la aplicación informática. | | | | | |

| Escala de calificación numérica | | | | | |
|---|---|---|---|---|---|
| MF1424_2: Emisión y gestión de llamadas salientes en un servicio de teleasistencia | | | | | |
| N.º | Indicador | 1 | 2 | 3 | 4 | 5 |
| 4 | Actualiza el histórico en el expediente de la persona usuaria. | | | | | |
| 5 | Redacta el informe tras la actuación con la persona usuaria. | | | | | |
| 6 | Realiza el cierre del expediente tras la actuación. | | | | | |

### 3.2.3. Hojas de evaluación de prácticas

Las hojas de evaluación de prácticas son instrumentos para valorar las actividades prácticas que realiza el alumno (ya sean las actividades realizadas durante la acción formativa o los módulos de prácticas no profesionales).

Las hojas de evaluación de prácticas pueden combinar calificaciones dicotómicas (listas de cotejo) y calificaciones graduales (escalas de calificación). La estructura de este instrumento es un cuadro de doble entrada en el que se relacionan las actividades desarrolladas por el alumno con un conjunto de factores referidos a calidad, precisión, organización, autonomía, exactitud, etcétera.

Para la elaboración de la hoja de evaluación de prácticas se establece una serie de fases:

— Describir los objetivos o indicadores que se van a evaluar.

— Establecer el número y tipo de actividades prácticas que se van a realizar.

— Confeccionar un listado de tareas u operaciones observables.

— Ponderar cada tarea en función de su importancia.

— Enumerar una serie de factores relacionados con la ejecución de casa tarea (precisión, trabajo en equipo, autonomía en el trabajo, creatividad, etc.) y establecer una escala de puntuación para cada factor.

— Redactar las instrucciones sobre el procedimiento de evaluación.

| Hoja de evaluación de prácticas | | | | | | |
|---|---|---|---|---|---|---|
| Actividad: Actividades administrativas básicas | | | Fecha: | | | |
| Nombre y apellidos: | | | Duración: | | | |
| ACTIVIDAD | % | Precisión | Orden | Autonomía | Tiempo | Total |
| Archiva la documentación. | | | | | | |

| Hoja de evaluación de prácticas | | | | | | |
|---|---|---|---|---|---|---|
| Actividad: Actividades administrativas básicas | | | | Fecha: | | |
| Nombre y apellidos: | | | | Duración: | | |
| ACTIVIDAD | % | Precisión | Orden | Autonomía | Tiempo | Total |
| Recibe y transmite información. | | | | | | |
| Controla la entrada y salida de correspondencia. | | | | | | |
| Cumplimenta los medios de pago. | | | | | | |
| Cumplimenta los documentos de compraventa. | | | | | | |
| Registra y transmite las reclamaciones. | | | | | | |
| ... | | | | | | |

## 3.2.4. Escalas de Likert

Las escalas Likert (denominadas así por su creador, Rensis Likert) son herramientas muy utilizadas en los cuestionarios y que consisten en marcar el grado de acuerdo o desacuerdo con un ítem mediante una escala.

Esta escala se utiliza para la medición de actitudes (favorables, desfavorables o neutras) y/o el grado de conformidad con una afirmación. En las escalas Likert pueden incluirse diferentes niveles (generalmente, se incluyen entre 4 y 10), aunque el formato más común es el de 5 niveles:

| Ítems | Totalmente en desacuerdo | En desacuerdo | Ni de acuerdo ni en desacuerdo | De acuerdo | Totalmente de acuerdo |
|---|---|---|---|---|---|
| ... | | | | | |
| ... | | | | | |
| ... | | | | | |
| ... | | | | | |

Las personas deben marcar la opción que más se ajuste a su opinión o actitud frente a algo. Generalmente, las personas tienden a evitar las dos opciones extremas (totalmente en desacuerdo o totalmente de acuerdo) debido a un efecto conocido como *central tendency bias* o «sesgo de tendencia central». Por ello, en ocasiones se recomienda incluir más niveles, siendo adecuado los ítems con 7 u 8 niveles.

Los ítems de las escalas Likert suelen ser analizados separadamente. Sin embargo, hay ocasiones en las que un conjunto de ítems pueden ser analizados de manera conjunta (sumándose y obteniéndose un valor global). Estas escalas permiten obtener métricas como la moda, la mediana o la media.

### 3.2.5. Hojas de registro

Las hojas de registro son herramientas en las que el personal docente y/o evaluador irá anotando los resultados obtenidos en cada prueba durante la duración de la acción formativa.

Estas hojas de registro servirán como soporte a la hora de realizar la evaluación final del alumnado, ya que aportan información acerca de las pruebas realizadas y las puntuaciones o calificaciones obtenidas.

### 3.3. Instrucciones para la aplicación de las pruebas: alumnado y docentes

Las instrucciones que deben facilitarse al alumnado para la realización de las pruebas prácticas son:

— Identificación del módulo formativo o unidad formativa que se evalúa.

— Identificación y descripción de la prueba práctica:

    1. Denominación.

    2. Especificación de la situación o actividad que se propone.

    3. Indicación de la tarea que el alumno debe desarrollar.

— Duración estimada de la prueba.

— Equipo y material necesario y autorizado para la realización de la prueba práctica (herramientas, utensilios, máquinas, etcétera.).

— La posibilidad de plantear dudas durante la realización de la prueba.

— Otras instrucciones específicas.

El personal docente y/o evaluador, debe disponer de una serie de instrucciones para la aplicación de la prueba práctica, como:

— Identificación del módulo formativo o unidad formativa que se evalúa.

— Identificación y descripción de la prueba práctica:

   1. Denominación.

   2. Especificación de la situación o actividad que se propone.

   3. Indicación de la tarea que el alumno debe desarrollar.

— Duración de la prueba: incluye el tiempo de preparación de la aplicación (disposición del aula, preparación de materiales, etc.) y el tiempo de realización de la prueba por parte de los alumnos.

— Equipo y material: se debe especificar de manera exhaustiva qué tipo de materiales son precisos para la realización de la prueba, el número de unidades necesarias para cada alumno, características técnicas de los equipos, etcétera.

— Criterios de evaluación e instrucciones para la correcta cumplimentación de listas de cotejo, escalas de calificación, etcétera.

# RESUMEN

— Las pruebas prácticas permiten evaluar, por un lado, el proceso de ejecución de una actividad y, por otro, el resultado o producto de dicha actividad.

— Las pruebas prácticas consisten en plantear a los alumnos situaciones o simulaciones de trabajo con el objetivo de evaluar las habilidades y destrezas adquiridas durante el proceso de enseñanza-aprendizaje.

— La elaboración de pruebas prácticas debe basarse en el contexto profesional de la ocupación o competencia. Es decir, deben proponerse situaciones que simulen las condiciones reales de trabajo (utilización de los mismos materiales y medios, generación de productos y resultados específicos de la ocupación, etcétera).

— Para la corrección de pruebas prácticas, el personal docente y/o evaluador debe conocer en profundidad las realizaciones profesionales y criterios de realización que debe desarrollar el alumnado. Además, debe disponer de instrumentos que permitan anotar y registrar el desempeño de los alumnos durante la realización de la prueba (listas de cotejo, escalas de calificación, entre otros).

— Una lista de cotejo es un instrumento de verificación en el que se señala la presencia o ausencia de una serie de indicadores de logro (capacidades, habilidades, destrezas, etcétera).

— Las escalas de calificación son los instrumentos que sirven para valorar el desempeño o rendimiento del alumnado en una o varias pruebas de evaluación. Consisten en un listado de criterios o indicadores evaluables, valorados con escalas que definen los niveles progresivos de desempeño que pueden alcanzar los alumnos.

— Los tres tipos de escalas de calificación son: numérica, gráfica y descriptiva.

— Las hojas de evaluación de prácticas son instrumentos para valorar las actividades prácticas que realiza el alumno (ya sean las actividades realizadas durante la acción formativa o los módulos de prácticas no profesionales).

— Las escalas Likert son herramientas utilizadas para la medición de actitudes (favorables, desfavorables o neutras) y/o el grado de conformidad con determinadas afirmaciones o enunciados.

— Las hojas de registro son herramientas en las que el personal docente y/o evaluador irá anotando los resultados obtenidos en cada prueba durante la duración de la acción formativa.

## AUTOEVALUACIÓN

**3.1.** ¿Qué instrumento de evaluación sirve para señalar solamente la presencia o ausencia de los mismos en el aprendizaje de cada alumno?

a) Escala de calificación numérica.

b) Lista de cotejo.

c) Escala de calificación gráfica.

**3.2.** ¿Qué se evalúa con las escalas Likert?

a) Conocimientos específicos.

b) Destrezas y habilidades.

c) Actitudes.

**3.3.** ¿Cuál es el formato más utilizado de las escalas Likert?

a) 3 niveles.

b) 5 niveles.

c) 8 niveles.

**3.4.** ¿Cómo se denomina el instrumento compuesto por un cuadro de doble entrada en el que se relacionan las actividades prácticas con un conjunto de factores referidos a calidad, precisión, organización, autonomía, exactitud, etcétera?

a) Hoja de evaluación de prácticas.

b) Lista de cotejo.

c) Hoja de registro.

**3.5.** ¿Qué tipo de escala de calificación está compuesta por un enunciado acompañado de una escala formada por categorías como «nunca, a veces y siempre»?

a) Escala de calificación numérica.

b) Escala de calificación descriptiva.

c) Escala de calificación gráfica.

# ACTIVIDADES DE APLICACIÓN

## ACTIVIDAD 3.1

¿Cuál es la principal diferencia entre las escalas de calificación y las listas de cotejo?

## ACTIVIDAD 3.2

Elabora una escala Likert para evaluar la satisfacción de los alumnos con una acción formativa.

## CASO PRÁCTICO

**Para la evaluación del alumnado del MF1445_3, diseña una tabla con las evidencias de competencias:**

- Elabora el instrumento de evaluación práctica más adecuado (escala de calificación, hoja de observación, hoja de evaluación de prácticas…), teniendo en cuenta los objetivos de la evaluación, tipo de la actividad y forma de registro.

- Identifica la prueba de evaluación práctica (nombre y módulo en el que se incluye, entre otros) y concreta su duración.

- Desglosa, ordena y pondera las tareas que constituyen la actividad práctica.

- Establece las escalas y/o factores de evaluación para cada una de las tareas y su puntuación.

- Redacta las correspondientes hojas de instrucciones para el docente y para el alumnado, exponiendo con detalle en cada una de ellas los criterios de aplicación, corrección y calificación.

# GLOSARIO

- **Criterio de corrección:** conjunto de normas, reglas o pautas predefinidas que se utilizan para evaluar y asignar puntuaciones a las respuestas de los estudiantes en una prueba. Estos criterios establecen los estándares específicos que se deben cumplir para otorgar una calificación particular a una respuesta.

- **Escala de calificación:** instrumentos que sirven para valorar el desempeño o rendimiento del alumnado en una o varias pruebas de evaluación. Consisten en un listado de criterios o indicadores que hay que evaluar, valorados con escalas que definen los niveles progresivos de desempeño que pueden alcanzar los alumnos.

- **Escalas de Likert:** tipo de instrumento de medición utilizado para recopilar datos sobre actitudes, opiniones o percepciones de las personas en relación con ciertos temas. Consisten en una serie de afirmaciones o enunciados a los cuales se debe responder indicando el grado de acuerdo o desacuerdo.

- **Lista de cotejo:** instrumento de verificación. Se trata de un listado de enunciados o aspectos que hay que evaluar (capacidades, habilidades, destrezas, etc.), conocidos como *indicadores de logro*.

## MAPA CONCEPTUAL

```
                  ┌──────────────────────────────────────┐
                  │   DISEÑO Y ELABORACIÓN DE PRUE-       │
                  │   BAS DE EVALUACIÓN PRÁCTICAS         │
                  └──────────────────────────────────────┘
         ┌──────────────────────┼──────────────────────┐
┌──────────────────┐  ┌──────────────────┐  ┌──────────────────────┐
│   CRITERIOS      │  │   CRITERIOS      │  │   INSTRUCCIONES      │
│ DE ELABORACIÓN   │  │ DE CORRECCIÓN    │  │  PARA LA APLICACIÓN  │
│                  │  │                  │  │   DE LAS PRUEBAS     │
└──────────────────┘  └──────────────────┘  └──────────────────────┘
```

- Evidencias
  de competencias

- Listas de cotejo
- Escalas de calificación:
  numérica, gráfica
  y descriptiva
- Hojas de evaluación
  de prácticas
- Escalas de Likert
- Hojas de registro

- Instrucciones
  para el alumnado
- Instrucciones
  para tutores y docentes

# 4. Evaluación y seguimiento del proceso formativo conforme a la formación presencial y en línea

# Contenido

El seguimiento formativo es un proceso continuo que permite identificar posibles desviaciones en el proceso de enseñanza-aprendizaje y, por lo tanto, reorientar y corregir dichos desajustes. En el seguimiento deben estar implicados todos los agentes intervinientes en la acción formativa (personal docente, técnicos, coordinadores, entre otros).

Realizar un seguimiento a lo largo de toda la acción formativa ofrece la posibilidad de obtener información actualizada sobre el progreso del alumnado y la ejecución del programa formativo, sin necesidad de esperar a la evaluación final o sumativa.

Todo seguimiento formativo debe estar planificado, identificando previamente los indicadores que se evaluarán, los métodos que se adoptarán y el momento en el que se recogerá la información.

Existen dos tipos de seguimiento formativo:

— Seguimiento del proceso de enseñanza-aprendizaje:

Se evaluarán aspectos relacionados con la gestión de la formación, el cumplimiento de la planificación (fechas, metodología, suficiencia y adecuación de los objetivos, recursos, contenidos, evaluación, actividades, etc.) y, en general, todo elemento implicado en el proceso de formación.

— Seguimiento del aprendizaje:

Se evaluará la evolución del alumnado (avances y posibles dificultades), la adquisición de los aprendizajes, la motivación, grado de satisfacción con la formación recibida, etcétera.

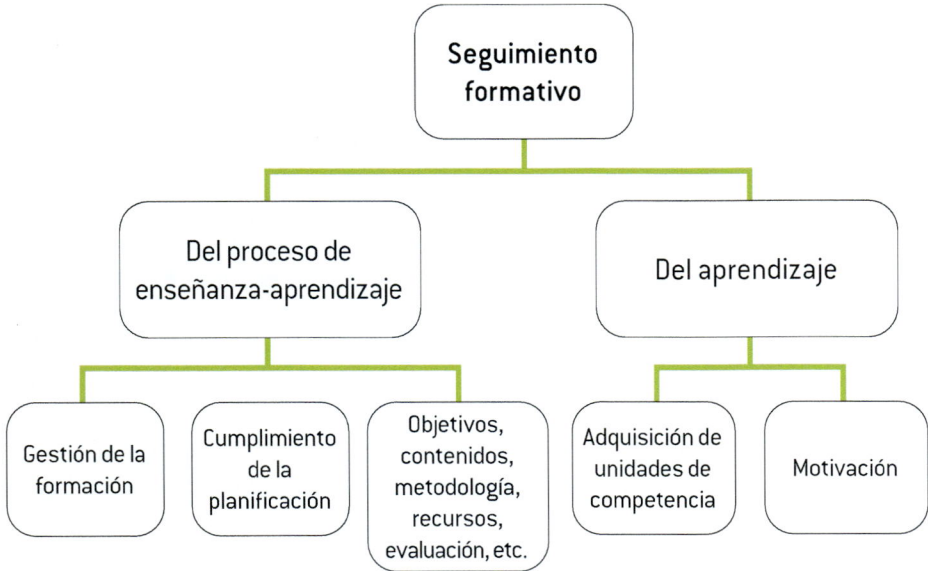

Los principales objetivos del seguimiento formativo son:

— Detectar problemas o dificultades durante el proceso formativo.

— Regular el proceso de enseñanza-aprendizaje para adaptarlo a las necesidades y características del alumnado.

— Obtener información actualizada sobre el nivel alcanzado por el alumnado de cada momento.

— Ajustar y mejorar la actuación docente, introduciendo las modificaciones o acciones correctoras necesarias.

## Seguimiento formativo en la formación presencial y en línea

El seguimiento en la formación en línea difiere del realizado en las acciones formativas presenciales. Una de las principales ventajas del seguimiento formativo *online* es la posibilidad de automatizar la evaluación, ofreciéndose una respuesta inmediata. Además, las plataformas de teleformación permiten registrar algunos aspectos de gran importancia para la evaluación del proceso formativo:

— Asistencia: las plataformas de teleformación registran el número de accesos, las áreas visitadas (contenidos, foros, recursos multimedia, pruebas de evaluación, autoevaluaciones, etc.), el tiempo empleado por cada alumno en la realización de tareas o visualización de contenidos y/o recursos didácticos, etcétera.

— Resultados de las actividades, autoevaluaciones y pruebas de evaluación: los resultados de todas las pruebas quedan almacenados para ser consultados y analizados por el docente o tutor y, de esta manera, medir el grado de aprendizaje de cada alumno. Algunas actividades y pruebas serán corregidas automáticamente por el sistema, mientras que otras requerirán la corrección por parte del personal docente.

— Participación: la formación en línea permite conocer el grado de participación de todos los agentes intervinientes en la acción formativa (alumnado, docentes, técnicos, coordinadores, etc.), mediante el número de mensajes enviados, las intervenciones en los foros, la participación en chats u otras herramientas de comunicación, etcétera.

Por otro lado, el seguimiento de la formación presencial, aunque no permite la automatización y el registro de los aspectos anteriormente comentados, posibilita la observación directa del alumnado y puede facilitar la comunicación y la cooperación.

## 4.1. Establecimiento de criterios e indicadores de evaluación

Los criterios e indicadores de evaluación establecidos dependerán del tipo de seguimiento que se realice (seguimiento del aprendizaje o del proceso de enseñanza-aprendizaje).

### Evaluación y seguimiento del aprendizaje

La evaluación y seguimiento del aprendizaje en la formación profesional para el empleo debe guiarse por las unidades de competencia, capacidades y criterios de evaluación de la cualificación profesional de referencia.

En cada certificado profesional se establece, para cada unidad formativa (UF) o módulo formativo (MF), una serie de capacidades y criterios de evaluación que actúan como referentes a la hora de establecer los indicadores que serán evaluados en el proceso formativo.

Cada una de las capacidades se encuentra subdividida en criterios de evaluación asociados.

Ejemplo:

---

**MF1445_3: Evaluación del proceso de enseñanza-aprendizaje en la formación profesional para el empleo** (establecido por el Real Decreto 1697/2011, de 18 de noviembre, por el que se establecen cinco certificados profesionales de la familia profesional Servicios socioculturales y a la comunidad que se incluyen en el Repertorio Nacional de certificados profesionales).

Capacidades:

— C1: Analizar los principios fundamentales de la evaluación, así como las formas que puede adoptar en función de su finalidad, medios, colectivo, etcétera.

— C2: Elaborar pruebas de evaluación teórica, proporcionando orientaciones para su utilización en una acción formativa.

— C3: Elaborar pruebas prácticas para ambas modalidades de impartición acompañadas de orientaciones que faciliten su utilización en una acción formativa.

— C4: Analizar la información obtenida durante todo el proceso formativo para modificar aquellos aspectos que mejoren la calidad de la acción formativa.

— C5: Efectuar la evaluación de las tareas y actividades presentadas por los alumnos en la modalidad de formación en línea.

---

Criterios de evaluación de la C1: Analizar los principios fundamentales de la evaluación, así como las formas que puede adoptar en función de su finalidad, medios, colectivo, etcétera.

— CE1.1 Diferenciar medición y evaluación de resultados en función de los niveles de referencia (norma o criterio).

— CE1.2 Definir las condiciones que determinan que una evaluación sea objetiva, fiable y válida.

— CE1.3 Analizar las características de la normativa que regula la evaluación por competencias.

— CE1.4 Identificar las diferentes modalidades de evaluación atendiendo a su finalidad, momento de realización y agente evaluador.

— CE1.5 Distinguir los instrumentos de evaluación en función de las características (aprendizajes simples o complejos) y tipos de contenido (teórico, práctico y profesional).

## Evaluación y seguimiento del proceso de enseñanza-aprendizaje

En cuanto a la evaluación y seguimiento del proceso de enseñanza-aprendizaje, los indicadores de evaluación estarán referidos a:

— Objetivos: valorar la suficiencia y adecuación de los objetivos planteados al inicio de la acción formativa.

— Contenidos: evaluar si los contenidos seleccionados para alcanzar los diferentes objetivos son adecuados.

— Metodología: evaluar si la metodología empleada ha sido adecuada teniendo en cuenta los objetivos planteados y los contenidos.

— Temporalidad: valorar si se ha dispuesto del tiempo necesario para impartir cada unidad o módulo formativo, realizar las actividades necesarias, etcétera.

— Actividades y tareas: evaluar si las actividades realizadas han sido las adecuadas en función de los objetivos propuestos y el tipo de contenidos, si han sido motivadoras, si estaban relacionadas con situaciones reales de trabajo, etcétera.

— Equipos y materiales: valorar si los materiales y recursos utilizados fueron los planificados, si han sido bien utilizados, si han sido adecuados y suficientes, si tenían la calidad requerida, etcétera.

— Actuación docente: evaluar la capacidad pedagógica del docente, su dominio sobre la materia que imparte, su capacidad de motivar al alumnado, etcétera.

— Proceso evaluativo: la propia evaluación debe ser evaluada para comprobar que los criterios e indicadores utilizados eran los oportunos, que las pruebas e instrumentos de evaluación utilizadas eran las más adecuadas y cumplían los criterios de validez, fiabilidad, objetividad, etcétera.

## 4.2. Aplicación de técnicas cualitativas y cuantitativas de recogida de información

Para recoger información sobre el proceso de enseñanza-aprendizaje resulta imprescindible recurrir a diversas técnicas e instrumentos, tanto cualitativos como cuantitativos. Ambos procedimientos son complementarios y pueden utilizarse conjuntamente.

La información que se recoja debe de ser específica y detallada. Para ello, todos los instrumentos de recogida de información que se empleen deben reunir una serie de requisitos que garanticen las condiciones de fiabilidad, validez y rigor técnico.

### Técnicas cualitativas

Estas técnicas aportan mucha información descriptiva, aunque pueden presentar limitaciones en cuanto a su precisión y fiabilidad. Cuando se apliquen técnicas cualitativas debe llevarse a cabo un registro de la información recogida (mediante hojas de registro diseñadas a tal efecto).

Dentro de las técnicas cualitativas destacan:

— Observación directa del alumnado: consiste en observar al alumnado sin interferir en su actividad normal. Para realizar correctamente una observación directa, se recomienda:

1. Establecer qué criterios o indicadores se pretender observar.

2. Describir exhaustivamente los criterios de observación.

3. Diseñar y elaborar el instrumento de registro y sistematización de los resultados.

4. En la medida de lo posible, realizar la observación en el contexto habitual del alumnado (durante la impartición de la formación, realización de actividades en el aula, etcétera).

— Entrevistas individuales. Las entrevistas pueden ser de tres tipos:

1. Estructuradas: se formulan las mismas preguntas preestablecidas en el mismo orden a todas los alumnos).

2. Semiestructuradas: existe un listado de preguntas preestablecidas, pero admite cierta libertad para modificarlas en función del desarrollo de la entrevista.

3. No estructuradas: solo se dispone del tema o aspecto que se va a tratar durante la entrevista.

— Entrevistas grupales: constituyen una buena técnica para obtener mucha información de diferentes personas.

— Dinámicas de grupo: son técnicas de discusión verbal cuya finalidad es debatir sobre un tema determinado o resolver un problema de forma grupal.

## Técnicas cuantitativas

Estas técnicas se desarrollan en tres fases:

— Recogida de información mediante instrumentos como los cuestionarios.

— Codificación (generalmente en un valor numérico) y análisis.

— Toma de decisiones (acciones correctivas, modificaciones en el programa formativo, cambios en la metodología, adaptación de los contenidos, etcétera).

El instrumento de recogida de información más utilizado en las técnicas cuantitativas es el cuestionario. La aplicación de cuestionarios permite obtener una medida precisa que posibilita la realización de comparaciones y el análisis estadístico (medias, modas, desviaciones, frecuencia, tendencias, etcétera).

## 4.3. Normas de elaboración y utilización

El seguimiento del proceso formativo implica la elaboración y utilización de determinados soportes documentales como hojas de registro, hojas de seguimiento y cuestionarios.

El seguimiento formativo, al ser un proceso sistemático y planificado, requiere el diseño y elaboración previa de los instrumentos que se utilizarán para recabar información (cuestionarios), así como de las herramientas necesarias para registrar y valorar los datos obtenidos (hojas de registro y seguimiento).

La elaboración de cuestionarios implica las siguientes fases:

— Definir qué información se desea obtener.

— Elegir el tipo de ítems o preguntas que se van a incluir (ítems de verdadero o falso, de opción múltiple, escalas Likert, preguntas abiertas, etcétera).

— Redacción de los ítems o preguntas. Algunas recomendaciones para la redacción de los ítems son:

1. Redactar preguntas claras, concretas y comprensibles.

2. Evitar ítems ambiguos o imprecisos.

3. No redactar preguntas en términos negativos.

4. Cada pregunta o ítem debe valorar un solo aspecto.

5. Redactar preguntas simples (es preferible incluir varias preguntas simples para valorar un aspecto que incluir una pregunta compleja).

6. Formular las preguntas de manera que no contengan insinuaciones o claves acerca de las respuestas esperadas o apropiadas.

7. Utilizar un lenguaje adaptado a las características de quien responde.

8. No incluir preguntas redundantes.

— Redacción de un breve texto introductorio e instrucciones de cumplimentación del cuestionario.

— En ocasiones, es útil realizar un cuestionario piloto, aplicándolo a un número reducido de personas para obtener unos primeros resultados que permitan modificar las preguntas o ítems en caso de ser necesario.

### 4.3.1. Hoja de registro

La aplicación de técnicas cualitativas y cuantitativas para recoger la información necesaria en el seguimiento formativo implica disponer de un soporte en el que registrar los datos obtenidos.

Las hojas de registro son los documentos en los que el personal docente anotará la información obtenida mediante la aplicación de las diferentes técnicas de seguimiento formativo.

En el caso de las acciones formativas en línea, el registro de estos datos (participación, asistencia, tiempo de dedicación, resultados de actividades, autoevaluaciones y pruebas, etc.) queda registrado en el sistema de manera automática, de manera que el tutor o docente puede consultarlos en cualquier momento.

Estos registros posibilitan el tratamiento estadístico de los datos, obteniendo medidas como: media de tiempos de conexión, porcentaje de pruebas superadas, porcentaje de errores en las pruebas de evaluación, etcétera.

### 4.3.2. Cuestionario

Los cuestionarios son instrumentos utilizados para recoger información acerca del proceso formativo. Pueden evaluar aspectos muy diversos como la satisfacción del alumnado o la actuación docente.

Una de las principales ventajas de los cuestionarios es la posibilidad de analizar estadísticamente los datos. El objetivo de los cuestionarios es recabar información para, posteriormente, ser analizada y valorada y, gracias a este análisis, pueden aplicarse las acciones o mejoras oportunas. Por ello, no es suficiente con diseñar, elaborar y aplicar un cuestionario. Es necesario realizar un tratamiento de los datos obtenidos y analizarlos (obtener indicadores como medias, modas, desviaciones, etc.) que ofrezcan información cuantitativa y útil sobre el proceso formativo.

Los cuestionarios de satisfacción con la acción formativa recogen las valoraciones tanto de docentes como de alumnos para evaluar algunos indicadores como, por ejemplo:

— Planificación, organización y gestión:

  1. Objetivos, contenidos y metodología.
  2. Organización y coordinación.
  3. Seguimiento y control.

— Desarrollo de la acción formativa:

1. Actividades y tareas.

2. Sistema de evaluación.

3. Dominio y competencia del personal docente.

4. Recursos, equipos y materiales disponibles (suficiencia, adecuación y calidad).

— Valoración personal:

1. Cumplimiento de expectativas.

2. Utilidad profesional.

3. Valoración global.

En las acciones formativas presenciales, los cuestionarios se cumplimentan en papel, debiendo, posteriormente, proceder al grabado y análisis de datos. Por el contrario, en la formación en línea, los cuestionarios se cumplimentan *online* quedando registrados los datos y facilitando su análisis y tratamiento.

Ejemplo de cuestionario para la valoración de acciones formativas para cumplimentar por el alumnado:

| Cuestionario para la evaluación de la acción formativa | | | | |
|---|---|---|---|---|
| **Datos de la acción formativa** | | | | |
| Denominación:<br>N.º curso y expediente:<br>Fecha de inicio:<br>Fecha de finalización:<br>Centro o entidad de formación:<br>Ciudad/Provincia: | | | | |
| **Datos del alumno/a** | | | | |
| Nombre y apellidos:<br>DNI: | | | | |
| **Valoración de la acción formativa** | | | | |
| *Valore los siguientes aspectos utilizando una escala de puntuación del 1 al 4. Marque con una X la puntuación correspondiente:* | | | | |
| **1. Planificación, organización y gestión** | 1 | 2 | 3 | 4 |
| El curso está bien organizado (información, cumplimiento de fechas y de horarios, entrega de material...).. | | | | |

| | | | | |
|---|---|---|---|---|
| El número de alumnos del grupo es adecuado para el desarrollo del curso. | | | | |
| El horario favorece la asistencia al curso. | | | | |
| Los contenidos del curso se ajustan a los objetivos propuestos. | | | | |
| Ha existido una combinación adecuada de teoría y aplicación práctica. | | | | |
| **2. Desarrollo de la acción formativa** | 1 | 2 | 3 | 4 |
| La forma de impartir el curso facilita el aprendizaje. | | | | |
| Los formadores conocen los temas impartidos en profundidad. | | | | |
| Los contenidos se exponen con claridad. | | | | |
| Las dudas se resuelven eficazmente. | | | | |
| Los materiales entregados son comprensibles y adecuados. | | | | |
| Los medios didácticos están actualizados. | | | | |
| El aula, el taller o las instalaciones son apropiados para el desarrollo del curso. | | | | |
| Las actividades tienen relación con la realidad laboral. | | | | |
| Las pruebas de evaluación y autoevaluación permiten conocer el nivel de aprendizaje alcanzado. | | | | |
| **3. Valoración general del curso** | 1 | 2 | 3 | 4 |
| Me ha permitido adquirir nuevas habilidades que puedo aplicar al puesto de trabajo. | | | | |
| Ha mejorado mis posibilidades para cambiar de puesto de trabajo en la empresa o fuera de ella. | | | | |
| Tendrá una influencia positiva en mi situación laboral. | | | | |
| He ampliado conocimientos para progresar en mi carrera profesional. | | | | |
| Grado de satisfacción general con el curso. | | | | |

Fecha:


Firma:

Ejemplo de cuestionario para la valoración de acciones formativas para cumplimentar por el personal docente:

| Cuestionario para la evaluación de la acción formativa | | | | |
|---|---|---|---|---|
| **Datos de la acción formativa** | | | | |
| Denominación:<br>N.º curso y expediente:<br>Fecha de inicio:<br>Fecha de finalización:<br>Centro o entidad de formación:<br>Ciudad/Provincia: | | | | |
| **Datos del formador** | | | | |
| Nombre y apellidos:<br>DNI: | | | | |
| **Valoración de la acción formativa** | | | | |
| *Valore los siguientes aspectos utilizando una escala de puntuación del 1 al 4. Marque con una X la puntuación correspondiente:* | | | | |
| **1. Planificación, organización y gestión** | **1** | **2** | **3** | **4** |
| El curso está bien organizado (información, cumplimiento de fechas y de horarios, entrega de material...). | | | | |
| El número de alumnos del grupo es adecuado para el desarrollo del curso. | | | | |
| El horario favorece la asistencia al curso. | | | | |
| Existe coordinación con otros agentes implicados en la acción formativa (coordinadores, técnicos, etcétera). | | | | |
| He participado en el establecimiento de objetivos y criterios de evaluación. | | | | |
| He participado en la selección de contenidos y elección de la metodología. | | | | |
| **2. Desarrollo de la acción formativa** | **1** | **2** | **3** | **4** |
| El perfil del alumnado es homogéneo. | | | | |
| El perfil del alumnado se adapta a las características del curso. | | | | |
| El material utilizado resulta útil. | | | | |
| El ritmo de trabajo es bueno. | | | | |
| El aula, el taller o las instalaciones son apropiados para el desarrollo del curso. | | | | |
| El grado de participación es alto. | | | | |

| 3. Valoración general del curso | 1 | 2 | 3 | 4 |
|---|---|---|---|---|
| El curso está satisfaciendo las expectativas de los alumnos. | | | | |
| El curso tendrá una influencia positiva en la situación laboral del alumnado. | | | | |
| Grado de satisfacción general con el curso. | | | | |

Fecha:


Firma:

### 4.3.3. Hoja de seguimiento

Las hojas de seguimiento individualizado son los documentos en los que el personal docente irá registrando a lo largo de la acción formativa el cumplimiento de los criterios e indicadores de evaluación.

En ellas se registrará toda la información relevante acerca del desarrollo y aprendizaje de cada alumno, permitiendo un seguimiento personalizado.

En las acciones formativas en línea, las plataformas de teleformación permiten realizar un seguimiento exhaustivo de la actividad de cada alumno. Se dispone de expedientes individualizados, en los que se recoge toda la información relativa al alumno y su evolución en la acción formativa.

## 4.4. Informes de seguimiento y evaluación de las acciones formativas

La información recabada y analizada durante la acción formativa debe plasmarse en un informe de seguimiento y evaluación.

El informe de seguimiento y evaluación del proceso de enseñanza-aprendizaje recogerá, al menos, la siguiente información:

— Datos identificativos de la acción formativa: nombre y código de la acción, expediente, fecha, duración (horas), centro o entidad de formación, número de alumnos, entre otros.

— Datos de evaluación y seguimiento: se deben presentar los datos de manera organizada por categorías. Por ejemplo:

1. Programación, organización y gestión.

2. Recursos, equipos y materiales.

3. Actividades y metodología.

4. Actuación docente.

5. Valoración personal.

En el caso de informes de seguimiento y evaluación del aprendizaje, estos se realizarán de manera individualizada, proporcionando información relevante acerca de los objetivos alcanzados y pendientes, las orientaciones y recomendaciones personalizadas, las acciones propuestas y otras pautas.

## 4.5. Plan de seguimiento

El objetivo del plan de seguimiento es identificar los aspectos que deben mejorarse durante la realización de la acción formativa y realizar las modificaciones oportunas. Flor Cabrera (2000) señala que la finalidad de la evaluación es «velar por el éxito de la formación y analizar los fallos en todas sus fases: planeación, realización y resultados». Si los fallos o aspectos que mejorar se detectan durante el transcurso de la acción formativa, es posible desarrollar las acciones correctivas oportunas que favorezcan el éxito de la formación.

El plan de seguimiento debe elaborarse siguiendo estas fases:

— Identificar los criterios o indicadores que van a evaluarse. Es necesario destacar que el seguimiento debe realizarse tanto al alumnado como al personal docente y a la acción formativa en general.

— Seleccionar y elaborar los instrumentos de evaluación y recogida de la información.

— Seleccionar a las personas que llevarán a cabo el seguimiento formativo (personal docente, evaluadores, técnicos, coordinadores, etcétera).

— Establecer los momentos en los que se llevará a cabo la recogida de información (semanalmente, mensualmente, tras la finalización de cada unidad formativa o módulo formativo, etcétera).

### 4.5.1. Elementos

Los elementos básicos que debe incluir el plan de seguimiento son:

— Indicadores y criterios de evaluación:

1. Objetivos.
2. Planificación, organización y gestión.
3. Contenidos.
4. Metodología.
5. Recursos y materiales.
6. Actividades.
7. Evaluación.
8. Personal docente.

— Temporalización de la evaluación (semanal, mensual, a la finalización de cada unidad formativa y/o módulo formativo, etcétera).

— Personal encargado de la recogida y análisis de datos. Generalmente, el docente o formador es la persona encargada de realizar la recogida de datos. Sin embargo, en algunos casos, como en la evaluación de la propia actuación docente, puede ser aconsejable la participación de otro agente (por ejemplo, el coordinador/a de la acción formativa o evaluadores externos).

— Técnicas e instrumentos a utilizar.

— Método de análisis de los datos y la información.

### 4.5.2. Características

Las principales características que los planes de seguimiento deben poseer para asegurar la calidad del procedimiento son:

— Estar planificado y diseñado previamente (el seguimiento formativo nunca debe ser improvisado).

— El plan de seguimiento debe ser un proceso sistemático.

— Estar redactado en un documento o manual denominado Plan o Guía de seguimiento.

— Debe asegurar la validez, fiabilidad y el rigor técnico.

— Incluir los objetivos del seguimiento formativo.

— Indicar los criterios e indicadores que pretenden evaluarse, los métodos o instrumentos que se utilizarán para recabar la información relevante, los momentos en los que se llevará a cabo la evaluación y las personas encargadas de la misma.

— Señalar los métodos de análisis para valorar la información obtenida a lo largo del seguimiento formativo.

— Garantizar la calidad del proceso de seguimiento.

### 4.5.3. Estrategias de mejora y refuerzo

En el proceso de enseñanza-aprendizaje, los alumnos pueden manifestar determinadas dificultades. El personal docente, mediante el seguimiento formativo, debe detectar dichas dificultades y poner en marcha las estrategias de mejora y refuerzo necesarias para facilitar al alumnado el logro de los objetivos propuestos.

Los alumnos pueden presentar variaciones individuales en cuanto a capacidades, competencias, motivaciones, etc. Por ello, el docente debe introducir modificaciones en el programa formativo para adaptarlo a las necesidades del alumnado.

Algunas estrategias de apoyo y refuerzo que el docente puede poner en práctica durante el proceso de enseñanza-aprendizaje son:

— Facilitar continuamente *feedback* (retroalimentación) a los alumnos sobre su desempeño.

— Identificar y analizar los conocimientos previos del alumnado para adaptar el programa formativo a ellos.

— Fomentar el aprendizaje significativo. Es decir, plantear actividades, tareas y ejemplos que estén directamente relacionados con situaciones reales, cotidianas o con la propia experiencia del alumnado.

— Proponer actividades semejantes a las situaciones reales de trabajo.

— Promover la participación y cooperación del alumnado.

### 4.5.4. Control de calidad y evaluación: eficacia, efectividad y eficiencia

Una de las funciones de la evaluación del proceso de enseñanza-aprendizaje es la de asegurar la calidad de la formación. Por ello, la evaluación actúa como un sistema de control de la calidad, el cual puede determinar si el proceso está siendo efectivo o no y, en el caso de no serlo, qué modificaciones o acciones correctivas deben realizarse para asegurar su efectividad.

En primer lugar, es necesario realizar las siguientes aclaraciones conceptuales:

— La **eficacia** es la capacidad de lograr el efecto deseado o esperado tras la realización de una acción.

— La **efectividad** es un concepto muy similar a eficacia. La diferencia radica en que la efectividad hace referencia a una medida por medio de la cual pueden compararse diferentes acciones (cuantificación).

— La **eficiencia** es la capacidad de lograr el efecto deseado o esperado de una manera óptima, es decir, con el mínimo de recursos posibles y en el menor tiempo.

Para el control de la evaluación de los procesos formativos, es posible analizar la eficacia, efectividad y eficiencia del programa:

— Análisis de la eficacia: valoración de si los alumnos alcanzaron los objetivos propuestos (unidades de competencia), siendo capaces, tras el proceso formativo, de desarrollar las realizaciones profesionales de la ocupación.

— Análisis de la efectividad: valoración de en qué medida se alcanzaron los objetivos propuestos. Un índice para medir la efectividad puede ser el porcentaje de inserción laboral de los alumnos tras la realización de la acción formativa.

— Análisis de la eficiencia: búsqueda y evaluación de otras alternativas más eficientes para lograr el mismo objetivo.

Existen diferentes metodologías para garantizar la calidad del proceso formativo y de la evaluación. Una de las técnicas más utilizadas para ello es el círculo de Deming. El círculo está representado por cuatro elementos:

— Planear. Esta fase se compone de tres pasos:

  1. Definir los objetivos que se pretende alcanzar.

  2. Determinar la situación actual, identificando los problemas pendientes de resolver y las áreas de mejora.

  3. Establecer un plan de trabajo que incluya las acciones correctivas o de mejora.

— Hacer. En esta fase se implementan las acciones correctivas o de mejora definidas en la anterior etapa.

— Verificar. En esta etapa se lleva a cabo una comparación entre los resultados obtenidos y los esperados.

— Actuar. Una vez obtenidos los resultados de la verificación, se procede a realizar los ajustes oportunos. De esta manera, se lleva a cabo un proceso de mejora continua.

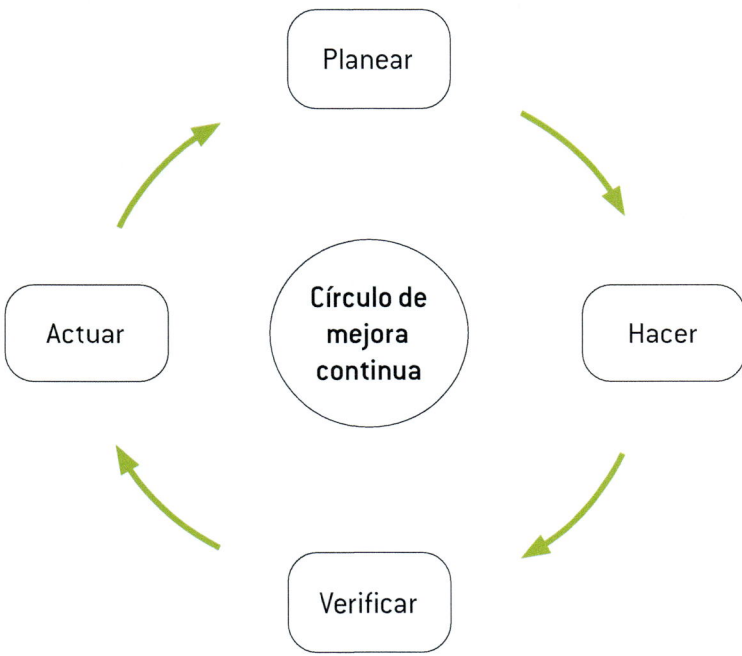

# RESUMEN

— El seguimiento formativo es un proceso continuo que permite identificar posibles desviaciones en el proceso de enseñanza-aprendizaje y, por lo tanto, reorientar y corregir dichos desajustes.

— Todo seguimiento formativo debe estar planificado, identificando previamente los indicadores que se evaluarán, los métodos que se adoptarán y el momento en el que se recogerá la información.

— Realizar un seguimiento a lo largo de toda la acción formativa ofrece la posibilidad de obtener información actualizada sobre el progreso del alumnado y la ejecución del programa formativo, sin necesidad de esperar a la evaluación final o sumativa.

— Existen dos tipos de seguimiento formativo: del proceso de enseñanza-aprendizaje y del aprendizaje.

— En el seguimiento del proceso de enseñanza-aprendizaje se evalúan los aspectos relacionados con la gestión de la formación, el cumplimiento de la planificación (fechas, metodología, suficiencia y adecuación de los objetivos, recursos, contenidos, evaluación, actividades, etc.) y, en general, todo elemento implicado en el proceso de formación.

— En el seguimiento del aprendizaje se evalúa la evolución del alumnado (avances y posibles dificultades), la adquisición de los aprendizajes, la motivación, grado de satisfacción con la formación recibida, etcétera.

— Una de las principales ventajas del seguimiento formativo *online* es la posibilidad que ofrecen las plataformas de teleformación de registrar algunos aspectos de gran importancia para la evaluación del proceso formativo (asistencia, participación, resultados en las pruebas y actividades, etcétera).

— La evaluación y seguimiento del aprendizaje en la formación profesional para el empleo debe guiarse por las unidades de competencia, capacidades y criterios de evaluación de la cualificación profesional de referencia.

— Para realizar el seguimiento formativo se pueden aplicar técnicas cuantitativas y técnicas cualitativas. Ambos procedimientos son complementarios y pueden utilizarse conjuntamente.

— Dentro de las técnicas cualitativas destacan: observación directa del alumnado, entrevistas individuales y grupales y dinámicas de grupo.

— La técnica cuantitativa más utilizada es el cuestionario.

— El seguimiento del proceso formativo implica la elaboración y utilización de determinados soportes documentales como hojas de registro, hojas de seguimiento y cuestionarios.

— La información recabada y analizada durante la acción formativa debe plasmarse en un informe de seguimiento y evaluación.

— El objetivo del plan de seguimiento es identificar los aspectos que deben mejorarse durante la realización de la acción formativa y realizar las modificaciones oportunas.

# AUTOEVALUACIÓN

**4.1.** ¿Qué se valora en el seguimiento del proceso de enseñanza-aprendizaje?

a) Gestión de la formación.

b) Adquisición de aprendizajes.

c) Motivación.

**4.2.** ¿Cuál es la técnica cuantitativa más utilizada en el seguimiento formativo?

a) Registro de la observación directa del alumnado.

b) Entrevistas individuales.

c) Cuestionarios.

**4.3.** ¿Cuándo deben ponerse en marcha estrategias de mejora y refuerzo?

a) Al inicio de la acción formativa.

b) Tras el seguimiento formativo, al detectar dificultades individuales.

c) Se proponen a la finalización de la acción formativa para futuras mejoras.

**4.4.** ¿Cómo se denomina la capacidad de lograr el efecto deseado o esperado tras la realización de una acción formativa?

a) Eficacia.

b) Efectividad.

c) Eficiencia.

**4.5.** La valoración de en qué medida se alcanzaron los objetivos propuestos supone un análisis de la...

a) Eficacia.

b) Efectividad.

c) Eficiencia.

## ACTIVIDADES DE APLICACIÓN

### ACTIVIDAD 4.1

¿La propia evaluación puede ser objeto de evaluación y seguimiento?

### ACTIVIDAD 4.2

Señala las capacidades y criterios de evaluación para la UF1646 *Tutorización de acciones formativas para el empleo,* regulada por el Real Decreto 1697/2011, de 18 de noviembre, por el que se establecen cinco certificados de profesionalidad de la familia profesional Servicios socioculturales y a la comunidad que se incluyen en el Repertorio Nacional de certificados profesionales.

## CASO PRÁCTICO

**Determinación e implementación de indicadores de evaluación.**

Objetivo:

El objetivo de esta actividad práctica es determinar los indicadores relevantes para evaluar una acción formativa en el ámbito de la formación profesional para el empleo, así como diseñar y elaborar una hoja de registro o cuestionario que permita recoger información relacionada con los indicadores identificados.

1.  Determinación de indicadores.

    Responde a las siguientes cuestiones:

    *   ¿Qué elementos clave deben evaluarse en una acción formativa?

    *   Señala aspectos relativos a la calidad del contenido, la participación del alumnado, el impacto en el aprendizaje, la eficacia de los métodos de enseñanza, entre otros.

2.  Diseño y elaboración de la hoja de registro o cuestionario.

    *   Basándote en los indicadores determinados en la primera parte, diseña una hoja de registro o un cuestionario que permita recoger información relevante durante la evaluación de una acción formativa.

    *   Ten en cuenta la claridad de las preguntas, la escala de valoración y la forma en que se recogerán los datos (por ejemplo, si se utilizará una escala numérica, categorías descriptivas, etcétera).

# GLOSARIO

- **Cualitativa (técnica):** técnicas centradas en la calidad y la naturaleza de los datos. Están diseñadas para explorar y comprender fenómenos sociales, comportamientos, opiniones o experiencias en profundidad.

- **Cuantitativa (técnica):** técnicas centradas en la medición y cuantificación de datos. Se utilizan para recopilar información numérica y estadística que pueda analizarse de manera objetiva y generalizarse a poblaciones más amplias.

- **Cuestionario:** instrumento de recolección de datos que consiste en una serie de preguntas, enunciados o ítems diseñados para obtener información específica. Los cuestionarios son utilizados en evaluaciones formativas para recopilar datos de manera sistemática y estandarizada.

- **Dinámica de grupo:** técnica de evaluación para observar, analizar y comprender cómo las personas interactúan entre sí en un grupo. Esta técnica se centra en el comportamiento grupal, las relaciones interpersonales y los procesos que ocurren dentro del grupo. Puede aplicarse en diferentes situaciones, como evaluaciones de desempeño en el ámbito educativo.

- **Indicador de evaluación:** elemento específico y medible que se utiliza para evaluar el desempeño, el logro o el cumplimiento de un objetivo, estándar o criterio establecido.

- **Módulo formativo:** bloque de contenido más amplio y completo que agrupa varias unidades formativas relacionadas entre sí. Los módulos formativos a menudo tienen objetivos de aprendizaje más amplios y abordan temas más generales en comparación con las unidades formativas. Pueden estructurarse de manera que representen una parte significativa de un curso o programa de formación.

- **Unidad formativa:** bloque de contenido más específico que un módulo formativo. Puede considerarse como un segmento o subsección que se enfoca en un tema o conjunto de habilidades particulares dentro de un área más amplia de estudio. Por lo general, las unidades formativas tienen objetivos de aprendizaje específicos y se utilizan para dividir un módulo en secciones más manejables y enfocadas.

# MAPA CONCEPTUAL

## EVALUACIÓN Y SEGUIMIENTO DEL PROCESO FORMATIVO PRESENCIAL Y EN LÍNEA

### TIPOS DE SEGUIMIENTO FORMATIVO

- Del proceso de enseñanza-aprendizaje.
- Del aprendizaje.

### ESTABLECIMIENTO DE CRITERIOS E INDICADORES DE EVALUACIÓN

- Evaluación del aprendizaje: capacidades y criterios de evaluación de UF o MF.
- Evaluación del proceso: objetivos, contenidos, metodología, temporalidad, actividades, equipos y materiales, actuación docente y proceso evaluativo.

### TÉCNICAS DE RECOGIDA DE INFORMACIÓN

- Cuantitativas: cuestionarios.
- Cualitativas: observación directa, entrevista y dinámicas de grupo.

### PLAN DE SEGUIMIENTO

- Elementos.
- Características.
- Estrategias de mejora.
- Control de calidad y evaluación.

# Bibliografía

Álvarez Méndez, Juan Manuel. *La evaluación a examen: ensayos críticos.* Buenos Aires: Editorial Miño y Dávila, 2003. ISBN: 978-84-9529-439-5

Cabrera, Flor. *Evaluación de la formación.* Madrid: Síntesis, 2000. 240 págs. ISBN: 978-84-7738-714-5

Cook, T.D. y Reichardt, CH. S. *Métodos cualitativos y cuantitativos en investigación evaluativa.* Madrid: Editorial Morata, 20075. ISBN: 978-84-7112-310-7

De Asís Blas, Francisco. *Competencias profesionales en la Formación Profesional.* Madrid: Alianza Editorial. ISBN: 978-84-2068-404-8

Del Pozo Flórez, José Ángel. *Competencias profesionales. Herramientas de evaluación: el portafolios, la rúbrica y las pruebas situacionales (2ª ed.).* Madrid: Narcea Ediciones, 2013. ISBN: 978-84-277-1892-0

León, O. y Montero, I. *Métodos de investigación en psicología y educación. (3ª ed.).* Madrid: McGraw-Hill, 2003. ISBN: 978-84-4813-670-3

Lorente García, Rocío. *La Formación Profesional según el enfoque de las competencias.* Barcelona Editorial Octaedro, 2012. ISBN: 978-84-9921-269-2

Nieto Gil, Jesús María. *Estrategias para mejorar la práctica docente.* Madrid: CCS, 2009. ISBN: 978-84-8316-806-6

Pain, Abraham. *Cómo evaluar las acciones de capacitación.* Barcelona: Ediciones Granica, 2012. ISBN: 978-95-0641-579-2

Pulgar Burgos, José Luis. *Evaluación del aprendizaje en educación no formal. Recursos prácticos para el profesorado.* Madrid: Narcea Ediciones, 2005. ISBN: 978-84-277-1510-3

Rodríguez Moreno, María Luisa. *Evaluación, balance y formación de competencias laborales transversales: propuestas para mejorar la calidad en la formación profesional y en el mundo del trabajo.* Barcelona: Laertes, 2006. ISBN: 978-84-7584-576-0

Rosales, Carlos. *Criterios para una evaluación formativa. Objetivos. Contenido. Profesor. Aprendizaje. Recursos.* Madrid: Narcea Ediciones, 2014. ISBN: 978-84-277-0476-3

Santos Guerra, Miguel Ángel. *La evaluación como aprendizaje.* Madrid: Narcea Ediciones, 2014. ISBN: 978-84-2772-073-2

Tenbrink, T.D. *Evaluación. Guía práctica para profesores (11ª Ed.).* Madrid: Narcea Ediciones, 2010. ISBN: 978-84-277-0464-0

# Referencias legislativas

Real Decreto 143/2021, de 9 de marzo, por el que se modifica el Real Decreto 1224/2009, de 17 de julio, de reconocimiento de las competencias profesionales adquiridas por experiencia laboral.

Real Decreto 395/2007, de 23 de marzo, por el que se regula el Subsistema de Formación Profesional para el Empleo.

Orden TAS/2307/2007, de 27 de julio, por la que se desarrolla parcialmente el Real Decreto 395/2007, de 23 de marzo, por el que se regula el subsistema de Formación Profesional para el Empleo en materia de formación de demanda y su financiación, y se crea el correspondiente sistema telemático, así como los ficheros de datos personales de titularidad del Servicio Público de Empleo Estatal.

Real Decreto 1416/2005, de 25 de noviembre, por el que se modifica el Real Decreto 1128/2003, de 5 de septiembre, por el que se regula el Catálogo Nacional de las Cualificaciones Profesionales.

Real Decreto 1128/2003, de 5 de septiembre, por el que se regula el Catálogo Nacional de Cualificaciones Profesionales.

Ley Orgánica 5/2002, de las cualificaciones y formación profesional.

Real Decreto 1326/2002, de 13 de diciembre, por el que se modifica el Real Decreto 375/1999, de 5 de marzo, por el que se crea el Instituto Nacional de las Cualificaciones.

Real Decreto 375/1999, de 5 de marzo, por el que se crea el Instituto Nacional de las Cualificaciones.